LIBÉRATE DE LA TRAMPA DE LA CULPABILIDAD

PASOS SENCILLOS
QUE TE AYUDARÁN
A CONTINUAR CON SU VIDA

GAEL LINDENFIELD

HarperCollins *Español*

A Stuart, mi esposo, quien más me ha apoyado y el compañero más maravilloso que haya podido tener junto a mí cuando necesité liberarme de la trampa de la culpabilidad, o con quien simplemente reí con ganas por haber caído de nuevo en ella.

© 2017 por HarperCollins Español
Publicado por HarperCollins Español® Estados Unidos de América.

Título en inglés: *Skip the Guilt Trap*
© 2016 por Gael Lindenfield
Publicado por Harper Thorsons, un sello de HarperCollins Publishers.

ISBN: 978-0-71808-754-8

Editora en jefe: *Graciela Lelli*
Traducción: *Loida Viegas*
Adaptación del diseño al español: *Mauricio Diaz*

Impreso en Estados Unidos de América
17 18 19 20 21 DCI 6 5 4 3 2 1

CONTENIDO

Introducción

La culpabilidad no es un sentimiento malo, como tampoco el amor es uno bueno.

Si <u>hacemos lo malo</u> en respuesta a alguno de estos dos sentimientos, lo más probable es que surjan problemas.

Si <u>hacemos lo bueno</u> en respuesta a alguno de estos dos sentimientos, lo más probable es que seamos recompensados.

Si <u>no hacemos nada</u> en respuesta a alguno de estos dos sentimientos, lo más probable es que quedemos atrapados por la emoción y nos sintamos impotentes.

Para algunos, estas declaraciones pueden parecer obvias, pero pasaron muchos años de mi vida adulta hasta poder pronunciarlas con sinceridad. Desde mi más temprana infancia me aterrorizaba el sentimiento de culpa. No era tanto el temor a los fuegos del infierno; era el miedo a no llegar a ser nunca suficientemente santa. Esta había sido mi ambición ardiente desde que tengo uso de razón.

Por tanto, desde niña me esforcé para ser pura y así jamás sentirme culpable. Sin embargo, por muchos premios que lograba por buena conducta, la culpa seguía ahí. En ese tiempo, pertenecía a una religión que me exigía confesar todos mis pecados antes de recibir la Santa Comunión. No solo era que se esperara de mí que recibiera dicho sacramento, sino que era mi voluntad. Sabía que proporcionaba gracia y eso era lo que necesitaba en abundancia para convertirme en una santa. Cuando llegaba el momento de la confesión, sentía pánico. ¡Me sentía culpable de no tener ninguna culpa que confesar! Mi solución fue inventar algunos pecados para tener algo que decirle al cura. Uno de ellos fue, por supuesto, la mentira. Esperaba que Dios lo entendiera.

Cuando en mis últimos años de la adolescencia dejé de creer en Dios, mi problema de culpabilidad no desapareció. Empecé a hacer cosas que «deberían» hacerme sentir culpable, pero no fue así. ¡Y entonces volvía a sentirme culpable, una vez más, por no sentirme culpable!

Como era de esperar de una aspirante a santa, derivé hacia las profesiones de asistencia. Allí descubrí que no era la única en tener ese problema. En realidad, me pasaba una buena parte de mis días de trabajo intentando persuadir a otros de que no se sintieran tan culpables.

Finalmente decidí que necesitaba dominar mejor el problema de la culpa. Podía ver que me estaba causando innumerables tipos de problemas relacionales y de salud mental. Empecé a investigar y experimentar con estrategias para enfrentar tal sentimiento. Cuando alcancé el punto en el que sentí la confianza suficiente como para escribir un libro sobre el tema, le comuniqué la idea a mi editor. Firmamos un contrato para escribir el libro *Triumph Over Guilt* [Triunfo sobre la culpa]. Ese libro no se escribió jamás, porque mi hija pequeña falleció en un accidente automovilístico. La culpa volvió a convertirse en una cuestión personal para mí.

Más de veinte años más tarde he escrito este libro. Creo que su planteamiento del tema es más afable que mi primera sinopsis. Ahora aprecio los aspectos positivos de la culpa de un modo más completo. Por el contrario, a lo largo de este periodo, los psicólogos han catalogado la culpa de estado emocional negativo.[1] Parece ser que otros muchos profesionales de salud mental también están preocupados por el creciente impacto negativo que este sentimiento está teniendo en la condición de la mente humana. No obstante, mi propósito al escribir este libro sigue siendo el mismo de siempre. Por encima de todo quería escribir un libro de fácil lectura y ÚTIL, que sirviera como programa de autoayuda a alguien, individualmente, o con un pequeño grupo de amigos.

¿Es este libro para mí?

- **Sí,** siempre que seas alguien que lucha con problemas de culpa en situaciones de <u>la vida cotidiana</u> como:
  - perder la concentración, porque sigues sintiéndote culpable por el error que cometiste la última vez que intentaste hacer la misma tarea;
  - enfrentarte a una decisión difícil y pensar: *Mal si lo hago y mal si no lo hago;*

- mirar obsesivamente por encima de tu hombro para ver qué hacen los demás y preguntarte si tú lo estás haciendo bien;
- cuando acaba una relación no puedes dejar de pensar en lo que desearías haber hecho para que hubiera funcionado;
- cuando alguien ha fallecido y te resulta difícil seguir adelante, porque te sientes culpable de disfrutar la vida cuando ellos ya no están presentes;
- ser un padre o una madre que afirma y hace cosas que lamenta y que sigue pensando que podría haber perjudicado a su hijo o sus oportunidades para siempre;
- sentirte tan culpable por ser más feliz, más rico o más exitoso que otros, que no puedes disfrutar de lo que tienes;
- sentirte constantemente mal por no ser capaz de cuidar a alguien como crees que deberías;
- pensar obsesivamente en cosas que desearías haber hecho de manera distinta en tu infancia;
- sentirte mal por algo que hiciste en el pasado, pero de lo que no te has responsabilizado todavía;
- sentirte responsable, en parte, por algo que salió mal y otros fueron acusados y castigados y tú no;
- haber engañado y lamentar ahora tus actos;
- sobrevivir a un desastre o una grave enfermedad, cuando otros no fueron tan afortunados;
- si te sientes culpable por herir a otros por tus propias decisiones en la vida;
- ¡si te sientes culpable por no sentir culpa!

- **Sí,** si deseas entender cuándo debes sentir culpa y cuándo no.
- **Sí,** si quieres comprobar tan solo que estás tratando con la culpa de una manera confiada y firme.
- **Sí,** si quieres ayudar a otra persona a controlar su culpa de un modo más eficaz.

Y también,

- **Quizás sí,** si te han tratado por una enfermedad mental en la que se ha visto implicada la culpa y ahora te encuentras en el camino de la recuperación. Este libro debería ayudarte a abordar cualquier culpa futura de un modo constructivo y de autoafirmación.

- **Quizás sí,** si has cometido un delito y, habiendo sido castigado, sigues sintiéndote culpable. Sin embargo, sería aconsejable utilizar este libro con el apoyo de un psicoterapeuta o asesor profesionalmente cualificado.

Cómo usar este libro

Sugiero que primero lo leas rápidamente de principio a fin. No tienes por qué molestarte con los ejercicios ni con practicar ahora las estrategias, pero marca las partes de este libro que pudieran parecer útiles para ti. Asimismo, sería bueno anotar cualquier ejemplo de situaciones en tu vida, que te hayan resultado difíciles, según te vengan a la mente mientras lo lees.

En tu segunda lectura, haz los ejercicios y prueba las estrategias sobre la marcha, prestando atención especial a las que has señalado. Vuelve a hacer apuntes a lo largo de la lectura. Al acabar, sería sumamente útil discutir el libro con algunos de tus amigos. Esto podría ayudarte a estimular tu memoria y a sentirte menos solo con tu problema.

Finalmente, confecciona una lista priorizada de cuestiones que quieras resolver o en las que quieras trabajar. A continuación, regresa al capítulo 9, «La culpa en objetivos» y traza un plan de acción. No olvides buscar a una persona que te anime y ayude a mantenerte en el buen camino.

Durante los próximos meses, mantén este libro al alcance para que puedas consultarlo cuando sea necesario. Tenerlo en cualquier sitio de la casa puede instar a otros a hojearlo o empezar a preguntarse si es algo que los pueda ayudar también a ellos.

Espero que el libro te parezca interesante y su lectura estimulante, y que te ayude a avanzar en tu vida con mayor felicidad y confianza.

CAPÍTULO 1

¿Qué es exactamente la culpa y qué propósito tiene?

Los psicólogos definen la culpabilidad como una emoción «autoconsciente», como lo son también el orgullo, el bochorno y la vergüenza. Todas estas emociones difieren de nuestras emociones básicas como el temor, el desagrado y el gozo, más instintivas y universalmente sentidas durante el primer año de nuestra vida. Las emociones autoconscientes se desarrollan más tarde, cuando empezamos a tener un sentido de nosotros mismos como aparte de los demás. Esto suele suceder al final del segundo año y a lo largo del tercer año de nuestra existencia.[2]

Antes de poder sentirnos culpables, debemos ser capaces de emitir juicios. Esto no puede ocurrir hasta que el centro del pensamiento de nuestro cerebro (el neocórtex) se haya desarrollado lo suficiente. Esto significa que los bebés y los niños muy pequeños *no pueden* sentir culpa. Sencillamente, su cerebro no está lo suficientemente desarrollado para procesarlo. Fisiológicamente no pueden entender la diferencia entre el bien y el mal.

A los trece meses, mi pequeña nieta parecía saber algunas veces cuándo había hecho algo que no estaba permitido. Tiraba su comida al suelo y nos miraba mientras sonreía burlona. No era que disfrutara siendo malvada (¡esto vendría más tarde!). Su sonrisa se había generado, porque disfrutaba viendo nuestra reacción como adultos. Y tal vez porque seguíamos en la fase de luna de miel como abuelos, su actitud nos parecía divertida y nos reíamos con ella. ¡Cómo era de esperar, al instante lo volvía a repetir sin el más ligero indicio de culpa!

Sin embargo, esta fase de vida libre del sentimiento de culpabilidad es demasiado breve. Hace poco estaba dando un paseo por una playa bastante desierta, cuando me tropecé con un par de niñitas desnudas, al borde del mar. En cuanto me vieron, una de ella se levantó apresuradamente y se cubrió sus partes íntimas con la braguita de su bikini. Aunque reían con nerviosismo y sonreían, observé que tenían la cabeza inclinada. Imagino que tenían en torno a los tres años, cuando la culpa va reptando hasta meterse en nuestra psique. Afortunadamente para ellas, todavía no se había desarrollado lo suficiente como para estropear su inocente disfrute de ser «malas».

Muchos adultos suelen intentar recuperar esta placentera etapa en el desarrollo de la culpa. A continuación, unos cuantos ejemplos que tal vez reconocerás:

- Amigas que salen a un centro de *spa* donde grupos de mujeres profesionales y tonificadas en el gimnasio se emborrachan con champán y devoran con avidez postres prohibidos.
- Amigos de vacaciones de golf para mantenerse en forma, incitándose los unos a los otros para tomar una copa más hasta que amanezca.
- Participantes en el carnaval, con disfraces escandalosamente chocantes y entonando canciones que no se tolerarían en la vida cotidiana.
- Fiestas de oficina donde la gente se suelta la melena y al día siguiente regresa al trabajo, pero cabizbaja, como las niñitas de la playa.
- Adquirir comida y bebida etiquetada «libre de culpa», aunque siendo conscientes de que están muy lejos de ser nutritivas.

Pasando a un tema más serio, algunos son sencillamente incapaces de sentir culpa. A principios de mi carrera yo solía trabajar en los pabellones cerrados de un gran hospital psiquiátrico. Muchos de nuestros pacientes adultos tenían una capacidad reducida de razonar. Por la enfermedad o el desarrollo atrofiado, los centros de su cerebro –que usamos para procesar la culpa– no estaban funcionando. Como resultado, gran parte de su conducta le parecería egoísta, antisocial y terriblemente embarazosa al mundo exterior. Como eran incapaces de sentir culpa, yo –junto con otros miembros del personal– tuve que aprender a aceptar y tolerar su conducta. Fue bueno aprender esta lección tan joven, porque desde entonces he conocido a muchos adultos y niños pequeños en el mundo exterior que también están incapacitados de esta forma.

¿Qué sentido tiene la culpa?

La culpa, como otras emociones autoconscientes, surgieron probablemente en nuestro desarrollo evolutivo humano en el momento en que los seres humanos empezaron a formar grupos. El propósito era trabajar y protegerse, con mayor eficacia, de los enemigos. La función de las emociones autoconscientes era, probablemente, fortalecer a estos grupos alentando la lealtad y la autodisciplina. Cualquiera que haya formado parte de, o dirigido un grupo, sabrá lo importante que son estas dos cualidades. Las emociones básicas como el temor y el enojo pueden usarse para estimular o reforzar la disciplina solo hasta un punto. Después de un tiempo inducen el resentimiento y la rebelión. Por otra parte, la culpa alienta el autocontrol. Nos ceñimos a las «reglas», porque no queremos sentirla. El dolor provocado por la culpa es interno y, por tanto, no es tan perjudicial para el resto del grupo como, por ejemplo, el enojo.

Creemos que así es como la naturaleza pretendía en un principio que funcionara la culpa. Nótese que siempre tiene un plan de apoyo por si el Plan A no surte efecto (¡siempre una idea excelente!).

PLAN A ORIGINAL DE LA NATURALEZA PARA LA CULPA

El miembro de un grupo quebranta un reglamento escrito o no:

- El centro del pensamiento de su cerebro evalúa que han actuado mal y envía una alerta al centro emocional del mismo.
- Se siente culpable.
- Asume la responsabilidad por la infracción.
- Está motivado para reparar cualquier perjuicio que pueda haber causado su ofensa o abandonar el grupo.
- El ofensor vuelve a integrarse en el grupo o se le ha olvidado, y las cosas siguen adelante como de costumbre.

PLAN B ORIGINAL DE LA NATURALEZA PARA LA CULPA

El miembro de un grupo quebranta un reglamento escrito o no:

➤ Respecto a sentir culpa, no siguen al dedillo el plan A. No la reconocen y no solucionan la situación.

➤ Los demás miembros o el líder del grupo observan el lenguaje corporal de la culpa (p. ej., tal vez esa delatadora cabeza gacha).

➤ Se acusa y se castiga o expulsa a la persona.

➤ El ofensor vuelve a ser integrado en el grupo o es sustituido, y las cosas siguen adelante como de costumbre.

Por supuesto, todos sabemos que los planes de la naturaleza (como los nuestros) no siempre funcionan. Si lo hicieron con respecto a la culpa, ¡yo no sentiría necesidad alguna de escribir este libro! Pero es importante recordar que, en su esencia y cuando se gestiona bien, la culpa es una emoción buena y útil tanto para el individuo como para cualquier grupo al que él o ella pertenezca. Está ahí para asegurar la supervivencia saludable del grupo. Por esta razón, la culpa positiva es una de las diez categorías de la culpa que he escogido para debatir y trabajar en ella a través de este libro (ver capítulo 2).

En alguna fase posterior del desarrollo humano, los individuos empezaron a formular sus propios códigos morales. Al principio, sus normas personales para vivir una «buena» vida se moldearían, en gran medida, por la cultura y las leyes de su país. Pero hoy, en nuestro mundo globalizado, las personas internalizan también las influencias morales por medio de los viajes, la Internet y los medios de comunicación. El problema es que esta absorción especial de tantas filosofías, religiones y leyes distintas ha vuelto loca a nuestra brújula moral. O nos sentimos culpables por cualquier curso de acción que emprendemos o renunciamos a ella, porque pensamos: *No importa lo que haga, me sentiré igual*. El efecto psicológico de esta confusión moral no es bueno para la salud mental del individuo, así como para cualquier grupo o sociedad a la que este pertenezca.

La buena nueva es, sin embargo, que en este libro encontrarás muchos consejos y estrategias que te ayudarán con esas complicadas cuestiones morales contemporáneas.

La diferencia entre la culpa y la vergüenza

En el lenguaje cotidiano se suele aludir a estos dos estados emocionales de manera intercambiable. Tampoco ayuda a la confusión que, a menudo, se experimentan juntos. Pero existen algunas diferencias importantes entre ellos. La explicación más simple de la diferencia que he oído procedía, sorprendentemente, de un comediante:

La culpa es sentirse mal por lo que uno ha hecho; la vergüenza es sentirse mal por quien eres; todo consiste en confundir lo que has hecho con quien eres.

MARCUS BRIGSTOCKE, COMEDIANTE BRITÁNICO

Sin embargo, si deseas tener una evaluación más académica, Christian Miller de la Universidad de Wake Forest, EE. UU., realizó un interesante resumen de las diferencias encontradas por los investigadores.[3] Más abajo he seleccionado unas cuantas ideas que expuso y que son relevantes para nuestro trabajo en este libro. Recuerda, no son más que algunas de las discrepancias halladas por medio de la investigación.

- La culpa es una emoción privada, mientras que la vergüenza suele desarrollarse como resultado de la desaprobación –real o imaginaria– de los demás.
- La vergüenza no solo puede desencadenarse por una ofensa moral, sino por no ser capaz de vivir según ciertas leyes, normas o la etiqueta habitual que no tiene una base moral, como por ejemplo ir vestido de forma inadecuada a una boda, olvidar peinarse antes de ir al trabajo o fallar en un examen.
- La culpa se relaciona con algo que se ha hecho mal, mientras que la vergüenza tiene que ver con cómo te sientes contigo mismo. No te gustas en absoluto, o te disgusta tu aspecto, en lugar de aborrecer lo que has hecho.
- La vergüenza te hace sentir indefenso, pero la culpa no siempre reacciona así. En realidad, te impulsa a intentar realizar enmiendas o a desear haber podido hacerlas. La vergüenza hace que quieras esconderte y que tú y tus fallos pasen desapercibidos.
- Cuando nos sentimos avergonzados, es menos probable que

sintamos empatía por otra persona que pudiera haber sufrido como resultado, por ejemplo, quienes invirtieron mucho tiempo y dinero para ayudarnos con un proyecto que nunca llegamos a entregar. La vergüenza podría hacernos sentir tanto pesar por nuestros fallos que no podamos sentir compasión por nadie más que haya sufrido. Con la culpa, nuestro enfoque podría estar en cómo hemos defraudado a otros.

- Es más probable que la culpa haga que queramos entrar en acción para ayudar a otros de alguna forma. La vergüenza no se comporta así, porque hace que nos sintamos inútiles.

Como este tipo de información siempre tiene más sentido cuando lo aplicamos a nuestras experiencias personales, prueba este ejercicio:

EJERCICIO: ACLARAR LA DIFERENCIA ENTRE CULPA Y VERGÜENZA

El propósito de este ejercicio consiste en ayudarte a juzgar qué aspectos de tu respuesta a una ofensa pasada indican si estabas sintiendo vergüenza y/o culpa. Ser consciente, más o menos, del grado en que sentiste cada emoción te servirá para decidir la clase de acción que necesitas emprender. Como sabes, este libro trata ampliamente sobre cómo gestionar la culpa, pero también tocaremos un tipo de culpabilidad mezclada con un gran elemento de vergüenza. Yo la denomino *culpa vergonzosa*. Mis dos ejemplos ilustran aquí cómo puede una ofensa desencadenar ambas emociones. Piensa en un tiempo en que te sentiste culpable y/o avergonzada, y te hiciste estas preguntas:

a) ¿Sentí que quería esconderme o prefería que se supiera lo mal que me sentía?

b) ¿Hice algo <u>moralmente</u> incorrecto o no (a diferencia de quebrantar solamente una norma o ley que a muchos les parece boba u obsoleta)?

c) ¿Estaba mi enfoque principalmente en mí mismo o en otros?

d) ¿Me sentí mal, porque había hecho algo éticamente incorrecto (p. ej. ¡Ojalá no *lo hubiera hecho!*) o fue porque otros me considerarían estúpido/inepto/inadecuado/demasiado desagradable, etc. (p. ej. ¡Qué idiota soy!).

e) ¿Hice algo por reparar mi ofensa o no hice nada?

En una escala del 1 al 10 (la cantidad más alta para cada sentimiento es 10), puntúate por separado en relación con la cantidad de culpa y/o vergüenza que estabas sintiendo, según indica este aspecto de tu respuesta.

Ejemplo 1

Ofensa: *Fui innecesariamente cruel cuando afirmé lo que dije en aquella reunión; yo no era más que un aprendiz. Yo mismo quedé tan sorprendido por mi conducta que me quedé sin palabras.*

a) *Solo quería esconderme. No consideré reconocer mi culpa ante los demás.*
Vergüenza 10/10 Culpa 10/10

b) *Moralmente, estaba del todo equivocado. El aprendiz lo estaba intentando y yo fui innecesariamente agresivo por su ingenua sugerencia.*
Vergüenza 0/10 Culpa 10/10

c) *Mi enfoque estaba ampliamente sobre mí mismo; apenas pensé lo que él debía de estar sintiendo.*
Vergüenza 8/10 Culpa 2/10

d) *Supe que lo que había hecho estaba muy mal, pero me preocupaba más cómo me juzgarían los demás.*
Vergüenza 9/10 Culpa 5/10

e) *Ni siquiera me disculpé.*
Vergüenza 10/10 Culpa 10/10

Ejemplo 2

Ofensa: *Le mentí a mamá en mi mensaje. Le dije que tenía que trabajar todo el fin de semana. Sencillamente no podía enfrentarme a conducir todo el camino hasta allí; está tan pesada estos días. Pero me preocupaba por ella y le telefoneé el domingo para conversar.*

a) *Le dije a Jim lo que había dicho, pero no se lo habría comentado a nadie más.*
Vergüenza 7/10 Culpa 2/10

b) *Jim me aconsejó que dejara de preocuparme, solo era una mentira piadosa. Pero sí creo que mentir está mal, y yo podría haberle dicho simplemente que me sentía agotada. No ir a verla cada fin de semana no es tan egoísta; voy a menudo.*
Vergüenza 5/10 Culpa 3/10

c) *Mi enfoque estaba ampliamente sobre mamá.*
   Vergüenza 0/10 Culpa 7/10
d) *Me preocupaba en gran medida que lo que había hecho estuviera bien o mal en relación con mis propios valores. Estaba, asimismo, ligeramente intranquila pensando en lo que mi mamá pensaría de mí.*
   Vergüenza 1/10 Culpa 9/10
e) *Lo enmendé bastante bien.*
   Vergüenza 0/10 Culpa 9/10

Repite este ejercicio dos o tres veces para otras ocasiones en que te sentiste culpable y/o avergonzado.

Conforme sigas leyendo este libro, repite este ejercicio y piensa en otras ocasiones en que te sentiste culpable y/o avergonzado. Te sería útil hacer algunas fotocopias del ejercicio y tenerlo preparado para rellenar. Para cuando hayas acabado tu lectura, deberías haberte convertido en un experto sobre las diferencias entre estos dos estados emocionales.

¿Cómo se siente y se percibe la culpa?

La mayoría de nosotros creemos conocer la respuesta a esta pregunta. Describiremos con facilidad lo que sentimos en nuestro interior y cómo hace esto que nos comportemos. Pero tu experiencia personal puede ser diferente de lo que otros sienten. Las personas notan y describen las «señales» de la culpa de distintas maneras. Pueden, asimismo, conducirse de un modo desemejante. Para confundirnos aún más, muchos de los indicios de la culpa pueden deberse a otras causas. Por tanto, podemos vernos obligados a descartar estas cosas primero, antes de poder estar seguros de que se pueden atribuir a la culpa. Pero las listas que te voy a proporcionar más adelante son una buena pista de cómo la culpa *puede* o no ser la raíz de un problema.

Aquí tienes algunas formas en que las personas han intentado describir sus experiencias personales de culpa:

Cómo experimentan la culpa distintas personas

EN EL CUERPO

Tengo un nudo permanente en el estómago.

Es como dolor y tristeza mezclados.

Siento ganas de llorar, pero no puedo.

Me quedo callada; es como si mi garganta se tensara y no pudiera hablar.

Es como un puñado de polillas comiéndome por dentro.

Con frecuencia siento como si fuera a enfermar.

Me daría de cabezazos... ¡y con frecuencia lo hago!

Me golpeo la pierna cada vez que me acuerdo.

Quiero hacerme un ovillo y mi cuerpo empieza a actuar así.

Me siento asustada y me pongo muy nerviosa.

Tengo esta tensión en la cabeza... y no consigo que mi cuerpo se relaje.

Quiero esconderme... mi cabeza se inclina y se me cierran los ojos.

Siento como si cargara sacos de pesas de plomo.

Parece que mi cabeza pesa una tonelada.

Tengo como un peso en el corazón.

Es como si no pudiera dejar de suspirar.

Es extraño... a veces me siento sucia y con necesidad de lavarme y lavarme... ¡Quizás me esté volviendo loca, como Lady Macbeth!

EN LA MENTE

Me hace pensar que no debería haber hecho lo que hice, porque todos los demás piensan que es malo.

Siento que la mente me va a explotar.

No dejo de darle vueltas a la situación en mi cabeza.

Creo que la gente puede estar hablando de mí, pensando que soy mala o que estoy haciendo algo malo, pensando qué diría mi padre si pudiera verme ahora.

Siempre pienso que me estoy equivocando.

Sigo teniendo recuerdos traumáticos de cuando ocurrió.

Estoy pensando constantemente que debería haberlo hecho de un modo distinto, incluso cuando los demás están encantados...

Me digo a mí misma que si me hubiera esforzado un poco más, podría haber...

Es como seguir pensando que me «van a descubrir».

Sigo imaginando lo que podría haber sucedido de no haber tenido suerte.

A veces me siento culpable de estar viva... no puedo sacarme de la cabeza que otros murieron sin tener culpa alguna.

Constantemente me repito a mí misma lo idiota que fui.

No puedo quitarme de la cabeza que la vida no es justa; ¿por qué tengo todo lo que tengo cuando otros no pueden? Es solo cuestión de suerte.

No dejo de preocuparme todo el tiempo de estar equivocándome y que debería tener más sentido común.

Es como si fuera una impostora en el trabajo.

Pienso obsesivamente en qué más podría haber hecho... incluso cuando sé que hice lo que pude en aquel momento.

A veces, las personas no son conscientes de que se están sintiendo culpables. Cuando vienen a mí por primera vez, muchos de mis clientes pueden experimentar algunos de esos «síntomas» y creen que se deben a que están mal de salud o a presiones externas. Si esto último se ha descartado, entonces analizamos juntos cómo han llevado y llevan su vida. Entonces es cuando resulta útil saber también cuáles son las señales conductuales comunes de la culpa que puedan ser la causa subyacente de la aflicción.

En el siguiente capítulo examinaremos con cierta profundidad los distintos tipos de culpa y los comportamientos asociados con cada uno de ellos. Pero por el momento, aquí tienes algunas de las señales generales más comunes de la posible culpa que puedes reconocer:

Señales conductuales de la culpa

- Evitar a ciertas personas o a todas, o temas de conversación.
- Ir demasiado sobre seguro.
- Compensar en exceso con una conducta extremadamente «buena».
- Agotamiento por trabajo excesivo.
- Obsesiones.
- Depresión (sin causa evidente ni desorden bipolar diagnosticado).
- Agorafobia.
- Dependencia del alcohol o las drogas.

- Rebeldía.
- «Mala» conducta.

EJERCICIO: MIS SEÑALES PERSONALES DE CULPA

- Vuelve a leer las listas de señales conductuales físicas y mentales que he proporcionado más arriba, y marca las que experimentas de forma común.
- Pregúntale a un par de personas que conozcas, qué sienten y notan en su mente y su comportamiento cuando se sienten culpables. Podrías mostrarles las listas anteriores. Anota las diferencias en tus experiencias de culpa.

¿Quién tiene más probabilidades de sentir una cantidad poco razonable de culpa?

Aunque no existe una investigación concreta que pueda demostrar la causa de este problema, entre los terapeutas y asesores se aceptan, por lo general, algunas razones por las que las personas sienten excesivos o poco razonables niveles de culpa. Más abajo indico una lista de las principales con las que me he topado en mi propio trabajo. Tener una idea de cómo empezó o se fomentó (y tal vez sigue) el problema puede ayudarnos a identificar posibles formas de tratarlo.

Es más probable quedar atrapado en una trampa de culpa, si:

- en general se nos conoce por nuestro temperamento emocionalmente sensible;
- somos introvertidos;
- no recibimos o no nos demostraron suficiente amor en nuestra infancia;
- fuimos «forasteros» o se nos consideraba «diferentes» en nuestra familia o en las instituciones infantiles, y nos resignamos a ello;
- sufrimos acoso cuando éramos niños o si ha sido así una y otra vez en la adultez;
- fuimos criados en una familia o institución excesivamente disciplinada;
- hemos pasado largo tiempo en una profesión altamente disciplinada y autoritaria;
- hemos vivido mucho tiempo en una sociedad políticamente represiva;

- durante largo tiempo hemos sido miembros de un grupo social con una estructura ética muy estricta;
- pertenecemos a un grupo con fuertes directrices morales;
- pertenecemos a un grupo religioso que no fomenta la interacción con personas de otras creencias o fe;
- tenemos baja autoestima crónica;
- no tenemos una idea segura sobre el tipo de persona que somos o queremos ser;
- somos perfeccionistas;
- no se nos da bien defender nuestros propios derechos;
- seguimos sintiendo la necesidad de la aprobación parental;
- nunca queremos causar problemas y casi siempre luchamos por mantener la paz;
- en la actualidad no tenemos un fuerte grupo de apoyo.

Al leer esta lista puedes haber observado que no he incluido ningún problema de género. Aunque oigo y leo con frecuencia la opinión de que las mujeres se sienten más culpables que los hombres, que yo sepa no existen estudios que respalden esta creencia. Es posible que las mujeres hablen de su culpa con mayor franqueza en la vida cotidiana. Los hombres no lo hacen tanto; beben, trabajan en exceso o golpean un saco de boxeo para reducir la tensión, pero luego se contienen. Sin embargo, en los confines confidenciales de la terapia, veo poca diferencia entre los géneros. Ciertamente, las causas parecen similares, como también el grado de aflicción.

EJERCICIO: ¿QUÉ PREDISPOSICIÓN TENGO A DEJARME ATRAPAR EN LA TRAMPA DE LA CULPA?

1. Vuelve a leer la lista superior. Esta vez hazlo con mayor lentitud, dándote tiempo para pensar en cada una de las características. Marca aquellas que tengan alguna relevancia para ti.
2. Debate con miembros de tu familia o con un amigo.
3. Haz algunos apuntes.

Resumen

- Antes de que podamos sentirnos culpables, las regiones neocórtex de nuestro cerebro deben estar en pleno funcionamiento y tenemos que ser capaces de:
  a) entender la diferencia entre los conceptos del bien y el mal;
  b) aprender y recordar que existen normas que los demás pueden esperar que cumplamos o que nosotros mismos quizás queramos observar;
  c) somos lo suficientemente conocedores de nosotros mismos como para notar las sensaciones que experimentamos cuando la culpa se ha desencadenado.
- La culpa ha evolucionado junto con otras emociones autoconscientes para fortalecer a los grupos mediante el estímulo de la lealtad y la autodisciplina.
- La culpa y la vergüenza son cosas distintas. La primera es un sentimiento que tenemos cuando creemos haber hecho algo malo. La segunda es lo que percibimos cuando pensamos que somos una mala persona, porque hemos hecho algo malo.
- Cada uno de nosotros puede sentir la culpa de distintas maneras, incluso cuando algunas de las señales de la culpa puedan compartirse.
- Algunos de nosotros estamos más predispuestos que otros a caer en la trampa de la culpa.

CAPÍTULO 2

Diez tipos distintos
de culpa

Con frecuencia oímos que se describe la culpa en términos opuestos como «sano»/«poco sano» o «racional»/«irracional». Confieso que yo misma he hablado sobre el tema en estos términos muchas veces y todavía lo hago de vez en cuando. Pero la realidad es que las personas que tienen dificultad para gestionar la culpa suelen experimentar con la complicada confusión de los numerosos tipos de culpa, incluidos sus lados opuestos. Y para colmo de males, el caldero interior de la culpa en las personas está siempre cambiando.

Como no podemos ver ni tocar los sentimientos, nombrar y describir el problema que tenemos con ellos resulta muy útil. Hace que el asunto sea más real y es un primer paso para enfrentarse a él. Además, si lo vemos escrito sobre papel fuera de nuestra cabeza, nuestra parte del cerebro pensante toma las riendas sobre la parte emocional. Entonces, a menudo, podremos encontrar maneras con las que podemos controlar mejor el problema. Esto no solo es cierto para nosotros como individuos; también se aplica a grupos, organizaciones y sociedades.

De modo que he recopilado una lista de los diez tipos de culpa más comunes con los que me he encontrado. Describiré cada uno de ellos y te proporcionaré algunos ejemplos. Esto debería ayudarte a identificar las clases de culpa que te perturban, y entender esas otras que podrían experimentar esas otras personas que conoces.

Te ruego que recuerdes que mis diez tipos no constituyen una lista exhaustiva. Si no sientes que tu culpa encaja en ninguna de estas categorías, intenta crear una o más etiquetas nuevas y escribir una breve descripción de cada una de ellas. Confío en que serás capaz de aplicar el consejo y las estrategias de este libro con mínimas adaptaciones.

La culpa positiva

Como observamos en el capítulo anterior, la culpa evolucionó en los seres humanos como un mecanismo de ayuda. Para aquellos de nosotros cuya experiencia con la culpa ha sido bastante negativa, es importante recordar que todavía <u>puede</u> resultar de beneficio para nosotros y también para el mundo en el que vivimos.

Cuando la culpa se siente en la forma **adecuada**, y el ofensor nota el impulso **motivacional** de **reparar** y, a continuación, de emprender una **acción constructiva,** tiene el poder de ser positiva. Consideremos un par de ejemplos:

1. Ian tuvo un viaje infernal en su camino de regreso del trabajo. Cuando llegó a casa, su hijo de seis años saltó sobre él para saludarle. Con un gesto irritado, Ian lo apartó. Al ver las lágrimas que anegaban los ojos del niño, sintió una oleada de culpa. Inmediatamente tomó a la criatura en sus brazos y se disculpó. A continuación le preguntó si podía compensar su mal carácter saliendo con él a darle unas patadas a su nuevo balón de fútbol. ¡Su hijo estaba encantado!

2. Janine acababa de ser nombrada gerente de una tienda. Su cometido consistía en mejorar la facturación. Este era su primer puesto directivo y su jefe le había dicho que ahora tenía que «endurecer» su forma de relacionarse con su equipo, muchos de los cuales se habían convertido en amigos suyos.

    Durante los primeros seis meses lo intentó y fracasó. La facturación no mejoró y se vio apartada de sus colegas. Sabía que estaba haciendo algo mal, pero no sabía qué era. Era evidente que su equipo de trabajo estaba desmotivado, y Janine se sentía culpable y preocupada. Decidió probar con un curso de fin de semana sobre aptitudes interpersonales que había visto anunciado en el boletín de su tienda.

El curso resultó instructivo y la ayudó a ver que su estilo de dirección había sido agresivo y que tenía un efecto desalentador sobre su equipo. Se le recomendó un curso de ejercicios de reafirmación personal nocturno de ocho semanas, y decidió hacerlo.

Al día siguiente, en el trabajo, convocó una reunión de personal y les dijo lo que había hecho y lo que pretendía hacer. Se disculpó y les pidió que la ayudaran dándole su opinión más sincera mientras ella probaba un mejor estilo de interactuar con ellos. El resultado final fue que la moral mejoró enormemente, y también la facturación.

> **Por difícil que pudiera resultar aceptarlo, recuerda que la culpa es, a veces, una voz interna amistosa que te recuerda que estás metiendo la pata.**
>
> MARGE KENNEDY, NOVELISTA Y DRAMATURGA

Los ejemplos de Ian y Janine muestran que la culpa positiva puede ser beneficiosa no solo para nosotros, sino también para otros. Puede, así mismo, usarse para la **prevención de desaciertos.** Esto es cierto especialmente si se usa en conjunción con la empatía. Aquí tienes un ejemplo simple de buenos padres que se sirven de ella como es debido:

Joe, de doce años de edad, está armando un escándalo por tener que asistir a la merienda de cumpleaños de su abuela. Él prefiere pasar la tarde con sus amigos. Su mamá le explica que su abuela se sentirá muy dolida y decepcionada si él no va. Añade: Sé lo mucho que quieres a tu abuela, ¿no te sentirás culpable de herir sus sentimientos?

Por supuesto, algunos podrían argumentar que la mamá de Joe podría estar usando aquí la culpa de una forma manipuladora y controladora. Sin embargo, supongamos que no es así y que sencillamente se está sirviendo de ella para ayudar a su hijo a ser más empático y amable.

Existen otros muchos ejemplos diferentes de culpa anticipada que se usan de manera positiva como ayuda preventiva. Inculcar el sentido de la lealtad es una forma poderosa de hacer que las personas se adapten por voluntad propia. Motiva a las personas para que se mantengan «en línea» y evita la culpa que podrían sentir si decepcionan a alguien.

Además, no provoca el resentimiento que el poder autoritario formal puede inducir.

Líderes de toda índole usan la «amenaza» de la culpa para **construir lealtad** en el seno de su personal o entre los miembros de su equipo.

- Los directores generales crean declaraciones de objetivos basadas en los valores e instan a sus empleados a vivir de acuerdo con ellos.
- Los entrenadores deportivos motivan a sus equipos recordándoles que «no decepcionen».
- A los soldados se les dice con regularidad que formar parte de un batallón es un honor y que «respalden a sus compañeros pase lo que pase».
- A los actores se les inculca el mensaje de que por amor a la audiencia y a los demás actores «el espectáculo debe continuar», aunque estén cansados o tengan resaca.
- Los fabricantes de tarjetas y las redes sociales nos alientan a mantener vivos nuestros sistemas personales de apoyo, mediante mensajes cariñosos que dicen «Gracias», «Recupérate pronto», «Buena suerte» y «Felicidades».

La culpa anticipada también se usa de una forma más directa para **alentar una conducta útil.** Por ejemplo:

- Los carnets de donantes que se encuentran en las cajas de las tiendas y en los mostradores de recepciones médicas.
- El tintineo de las huchas de donaciones benéficas a plena vista del público.
- *Fumar perjudica a los demás; Beber y conducir mata;* y los pósteres del Programa de Vigilancia del vecindario.

Todos estos ejemplos pulsan suavemente nuestros botones de culpa positiva. En ocasiones, sin embargo, estos interruptores necesitan un apretón más fuerte que los transforme en una fuerza positiva. Curiosamente, una serie de estudios de investigación realizados por la Universidad de Stanford, en Estados Unidos, y dirigidos por Francis Flynn y Becky Schaumberg, revelaron una firme correlación entre la predisposición a la culpa y el liderazgo. Al resto de los participantes les parecía que los miembros del grupo de investigación propensos a la culpa hacían mayor esfuerzo que los demás para asegurarse de que se escuchara la voz de todos, para dirigir el debate y, en general, para hacerse cargo. Incluso surgió un fuerte vínculo, cuando realizaron la prueba en un entorno real, entre la propensión a la culpa de un participante y la medida en que los demás lo veían como líder. Becky Schaumberg informó que estas personas proclives a la culpa mostraron la mayor responsabilidad. Estaban preparadas para despedir a cualquiera con el fin de mantener la rentabilidad de la empresa, por mucho que se sintieran mal por tener que hacerlo.

> ...la respuesta más constructiva [a cometer errores], y la que las personas parecen reconocer como señal de liderazgo, es sentirse lo suficientemente culpable como para querer solucionar el problema.
>
> CATEDRÁTICA BECKY SCHAUMBERG, UNIVERSIDAD DE STANFORD[4]

¿No es de extrañar que los líderes tiendan a usar la culpa con frecuencia para empujar o tirar de las personas a las que dirigen?

Finalmente, es importante recordar que para que la culpa funcione de forma positiva, tiene que conllevar un elemento de cuidado. Por ejemplo:

- **Las personas implicadas forman parte de un grupo que se ama y respeta entre sí** como la familia, un grupo de amigos o un equipo de colegas cercanos. Miguel, una estrella del fútbol, salió a emborracharse para celebrar el cumpleaños de su hermano. Fue la noche anterior a un gran partido, que su equipo perdió. El entrenador había notado que Miguel no había, ni mucho menos, jugado todo lo bien que sabía. Cuando el entrenador lo confrontó, fue evidente que Miguel se sentía más abatido de lo normal y confesó rápidamente lo que había hecho. Manifestó su sentimiento de culpa ante sus compañeros de equipo, se disculpó profusamente y les pidió ayuda para que aquello no volviera a suceder de nuevo.
- **La parte culpable siente empatía por el sufrimiento de la víctima** y se preocupa lo bastante por ellos como para querer hacer las enmiendas necesarias. En ocasiones, es posible que esta empatía tenga que ser inducida para impulsar un sentimiento de interés. Por

ejemplo, un niño de diez años le había robado a otro en la escuela. Los maestros dispusieron que se encontrara con su víctima y que escuchara cómo se sentía aquel niño y las dificultades que el robo le había ocasionado.

- **La parte culpable se interesa por el objetivo que han acordado mutuamente que ambos siguen queriendo.** Cuando Carol tuvo una relación extramatrimonial, ella y Bob, su marido, acordaron permanecer juntos e intentar que su matrimonio funcionara por el bien de sus hijos. Un año después fue Bob quien inició una relación extramatrimonial. Seis meses más tarde, su hijo de catorce años descubrió su secreto. Bob no se sintió mal por su esposa, pero sí reconocía su culpa por no haber sido lo bastante cuidadoso para ocultárselo a los niños. Rompió con su amante y se comprometió a recibir asesoramiento de pareja con su esposa.

> Todo hombre es responsable de todo el bien que no ha hecho.
>
> VOLTAIRE

Resumen: La culpa positiva

- Si la culpa es una respuesta justificada ante alguna ofensa real y motiva al ofensor a emprender una acción constructiva para reparar el mal, es positiva.
- La culpa anticipada puede usarse de manera positiva para fortalecer y motivar a individuos y grupos de todo tipo.
- Activar la culpa positiva puede alentarnos a ser más empáticos y útiles.
- Si somos propensos a la culpa, podríamos llegar a ser buenos líderes.

La culpa contenida

Es el tipo de culpa que se produce cuando alguien es consciente del sentimiento, pero lo mantiene conscientemente oculto en su interior, aunque luego tenga la costumbre de aflorarlo en la mente de vez en cuando.

Esto puede suceder sin ningún impulso obvio, pero algún recordatorio lo desencadenará con mayor frecuencia. La persona puede muy bien tener la intención de actuar algún día respecto a su culpa, pero con el paso del tiempo le resulta más difícil. Por tanto, su culpa crece y se fustiga por haberlo ido dejando. Cuanto más tiempo transcurra, más complicado será ocuparse de ello.

A lo largo de los muchos años desde el fallecimiento de mi hija Laura, a la edad de diecinueve años, en un accidente automovilístico, he recibido un buen número de correos electrónicos, tarjetas y cartas

> **Nada es tan miserable como la mente de un hombre consciente de su culpa.**
>
> PLAUTO, COMEDIÓGRAFO ROMANO

que expresaban este tipo de culpa. Procedían de una gran diversidad de personas, entre estas muchos de sus amigos que tenían su misma edad en aquella época.

La mayoría me transmitían pensamientos similares: con frecuencia pensaban en Laura y se sentían mal por no habernos expresado nunca lo que ella significaba para ellos. Aprovechaban para comentarme las cualidades que apreciaban en ella y lo mucho que la echaban de menos. Se disculpaban por no habérmelo comunicado antes, cuando otros sí vinieron a visitarme y me enviaron tarjetas. Afirmaban o insinuaban haberse sentido culpables desde entonces. ¡Qué lástima que se sintieran innecesariamente desazonados en su interior y tuvieran durante tanto tiempo esta mala sensación! ¡Su «ofensa» era tan comprensible y perdonable!

Dejar que se encone nuestra culpa interior le hace muy poco favor a nuestra salud mental. Corroe nuestra autoestima y nos hace más propensos a la ansiedad. También puede provocar que las personas se comporten de maneras inadecuadas. Por ejemplo, alguien que esté teniendo (o haya tenido) una relación extramatrimonial paga su tensión con la familia a la que ama y que no quiere abandonar. O puede actuar a la inversa, compensando en exceso, malcriando a los hijos e incluso al cónyuge al que están engañando.

Cuanto más tiempo dejemos encerrada la culpa contenida, más difícil resultará confesarla y enfrentarse a ella. En primer lugar, la ofensa puede ser menos perdonable por parte de la víctima, aun cuando pueda parecer que la ha dejado atrás.

> **Me sentí atormentada por la culpa durante años y años. ¡De hecho, estaba tan mal que si no me sentía fatal, no me encontraba bien!**
>
> JOYCE MEYER, ESCRITORA
> ESTADOUNIDENSE

En segundo lugar, cuando el ofensor esté preparado para enfrentarse a su culpa cabe la posibilidad de que la confianza y el respeto que puede establecerse entre las partes hayan disminuido en gran medida.

En tercer lugar, tras un periodo muy largo, hasta las personas sensibles pueden tener el imperioso deseo de confesar o disculparse, pensando *ahora o nunca*. Para entonces, esa abrumadora necesidad emocional es tan fuerte que pueden hacer un intento torpe o inepto de hablar con la víctima. Aquí tienes un ejemplo triste:

Una persona muy conocida y respetada a nivel internacional confesó recientemente en la radio que se sentía mal por la forma en que se había escapado de casa unos veinticinco años antes. Desde entonces no había vuelto a hablar con sus padres. Descubrió que ellos tenían que viajar desde cierto aeropuerto, y decidió presentarse allí. Buscó la cola de facturación de equipaje y se dirigió hacia ellos. No la reconocieron y ella tuvo que decirles quién era. La saludaron educadamente y siguieron avanzando; desde ese momento no los ha vuelto a ver. ¡Qué triste!

> **Solo hay una forma de alcanzar la felicidad en esta bola terrestre, y es tener una conciencia limpia o ninguna en absoluto.**
>
> OGDEN NASH, POETA
> ESTADOUNIDENSE

En cuarto lugar, la tardía «manifestación» de la culpa puede causar la intensificación de la sed de venganza de la víctima y sus partidarios. Esto puede conducir a un castigo inadecuado y, en ocasiones, cruel. Por ejemplo, hace poco, en nuestro país tuvieron lugar numerosos juicios contra personas que cometieron crímenes graves y espeluznantes hace más de cuarenta años. Varios fueron sentenciados a penas de cárcel, aunque en la actualidad tienen ochenta y tantos años, o noventa y tantos, y están gravemente enfermos. No se consideró la misericordia como opción, aun cuando ellos expresaron su remordimiento.

Finalmente, el tormento de la culpa contenida –en especial cuando los problemas antes descritos fueron presenciados por otros– puede llevar a estas actitudes: *Seré condenado si lo hago, así que mejor ni lo intento*; o, de forma más escalofriante: *Me condenarán si lo hago, así que más vale ser incluso peor o morir en el intento.*

En el capítulo 7 sugeriré algunas formas eficaces de tratar la culpa contenida.

Resumen: La culpa contenida

- La culpa contenida es la clase de culpa que se siente conscientemente, pero que no se expresa de forma externa.
- Perjudica la salud mental de la persona culpable.
- Puede tener efectos negativos que repercutirán en las personas con las que se interactúe.
- Cuanto más se contenga la culpa, más difícil resulta tratar con ella, y existe el riesgo de que las consecuencias de expresarla sean más negativas.

La culpa disfrazada

Esta es la culpa que se ha contenido, pero la persona que la sentía ya no es del todo consciente de creerse culpable. Solo se hace visible por los síntomas de otra enfermedad mental o problemas que pueden variar enormemente, desde las enfermedades catalogadas como depresión, TOC (Trastorno obsesivo-compulsivo) hasta adicciones. Los demás problemas pueden ser cuestiones más cotidianas como las dificultades persistentes en las relaciones, los asuntos profesionales, una baja confianza o un mal control del enojo. Durante la investigación de las posibles causas de estos problemas es cuando esa culpa enterrada se descubre como una causa concurrente. Tradicionalmente, y es probable que también de forma más común, esto ocurre con un terapeuta profesional como un psiquiatra, un psicoterapeuta o un consejero. Al principio de las consultas, los clientes suelen reconocer: *No tengo ni idea de por qué ha sido; todo iba bien. Tengo un buen trabajo y una familia fantástica. El primer ataque de pánico surgió de la nada. Yo no sabía qué estaba pasando. Empecé a sentirme angustiada, me preocupa qué ponerme, perderme, la contaminación alimentaria; ¡menciona algo y me sobrecoge la inquietud!*

De manera alternativa, podrían negar que tienen un problema o echarle la culpa a otros: *Ella cree que me he vuelto antisocial y que prefiero mi tableta a las personas. Sí, me gustan los juegos, pero no soy un adicto; acabo hecho polvo después de trabajar y es mi forma de relajarme.*

Los terapeutas profesionales están preparados para buscar las causas ocultas de los problemas, sobre todo cuando parece no haber una razón obvia para los síntomas. Son hábiles oidores que se centran tanto en el lenguaje corporal y en lo que no se dice como en lo que la persona está declarando. Si la causa no es evidente en su vida presente, también se interesarán en el pasado de la persona. De esta manera pueden descubrir la culpa por una ofensa que el cliente ya ha olvidado quizás por completo, o no considera relevante para su problema del momento. En ocasiones, esta culpa es racional y, a veces no. A menudo, es una mezcla de las dos cosas.

Cuando yo tenía veintitantos años, me diagnosticaron una grave depresión. Afortunadamente para mí, me derivaron a un excelente (¡y muy paciente!) terapeuta. Las principales razones de mi estado mental eran abundantes y complejas, y no es necesario entrar en detalles sobre esto ahora. Sin embargo, es relevante que comparta contigo ahora cómo la culpa disfrazada jugó su papel impidiéndome seguir adelante una vez que la depresión se hubo desvanecido.

Antes de llegar a mi enfermedad depresiva, me había convertido en una desempleada. Había fracasado miserablemente (a mis ojos) en dos empleos en los que había ansiado tener éxito. El primero fue como oficial del centro de protección de menores. Uno de mis clientes había golpeado tanto a su primogénita que hubo que llevarla al centro de protección. Cuando la pareja tuvo a su segundo bebé, él y su esposa deseaban sinceramente asegurarse de que aquello no volviera a ocurrir. Ambos adoraban a su nueva pequeña. Yo los visitaba con regularidad y mis colegas y supervisores coincidieron en que tenían que hacer grandes progresos como padres y en el manejo de su estrés. Ellos no creyeron necesario ingresar a su hija en el centro mientras yo estaba de vacaciones. Sin embargo, a mi regreso me informaron que el padre había perdido los nervios y había matado al bebé. Nadie pensó ni por un solo instante que aquella tragedia fuera culpa mía. En mi mente racional yo sabía que era verdad. Sin embargo, mi culpa y mi desesperación eran demasiado grandes, y dimití. Prometí abandonar el trabajo social para siempre.

Después de trabajar durante algunos meses como dependienta, con lo que me sentía bastante contenta, el amigo de un amigo mío me comentó que se necesitaba con urgencia a una supervisora en un centro de acogida de menores. Pensó que sería un trabajo ideal para mí y que yo debería solicitar la plaza. Como había pasado la mayor parte de mi propia infancia en un lugar así, me apetecía mucho intentarlo. Y así lo hice. Pero en última instancia fracasé. Como parte del personal, el día se nos iba en apaciguar las peleas entre los chicos. La calidad de cuidados que yo había querido proporcionarles a ellos y a mi personal era un sueño imposible. Esta vez le eché la culpa al sistema y a la financiación insuficiente, y presenté mi dimisión. Me sentía enojada y sin esperanza, y finalmente caí en una depresión tan grave que acabé en el hospital.

Con gran habilidad, mi psicoterapeuta olfateó la culpa como problema persistente en mi turbulenta historia. Desenterró una montaña de remordimientos olvidados y de autorreproches que se remontaban a mi más temprana infancia. Mi forma habitual de disfrazar mi culpa era convertirme en la rescatadora de los demás. De niña, empecé con mis hermanos pequeños y con los niños más débiles que yo. Cuando alcancé la adultez, mi causa se había vuelto global.

Como habrás imaginado, este hábito sigue conmigo. Sin embargo, ya no está disfrazado. Esto significa que puedo controlarlo y usarlo de un modo más centrado y constructivo. ¡Una ventaja añadida es que esta experiencia personal me ha dejado un buen olfato para sacar a la luz la culpa enterrada! Aquí tienes un ejemplo:

Jeff vino a verme porque su matrimonio se estaba desmoronando. Resultó que una de las causas principales era que su esposa pensaba que él tenía un problema con la bebida. Él no lo aceptaba. Habló a la defensiva sobre el asunto y alegó que solo era parte de su trabajo. Tenía que beber algunas veces, ya que esa era la forma en que uno conocía e iniciaba las relaciones con los nuevos clientes.

Animé a Jeff para que me contara un poco más sobre su trabajo. Según me comentó, requería que viajara bastante. Hablamos sobre algunos de los lugares donde había estado, uno de los cuales había sido Budapest. Al compartir nuestras impresiones sobre esta ciudad, recordó haber estado con una colega húngara. Casi había olvidado aquel incidente. Se rio al recordarlo, añadió que él era joven entonces y que ambos habían bebido demasiado aquella noche. Al principio ni siquiera lograba recordar el nombre de ella ni el año en que aquello ocurrió, pero cuando exploramos un poco más, su memoria se aclaró. Conforme se iba acordando, ya no podía estar quieto y empezó a taparse la boca con la mano. Entonces cayó en la cuenta de que su esposa estaba encinta de su primogénito en aquella época. Observé que sus ojos se anegaban de lágrimas y, suavemente le pregunté cómo se sentía. Me respondió: *Culpable, supongo, y un poco asustado.* El temor que lo embargaba era poder acabar como su padre, *un verdadero alcohólico y un mujeriego,* y perder también a su familia. Se sintió inmensamente culpable por no haber sido capaz de ayudar más a su madre. Ella seguía deprimida y amargada hasta la fecha. Jeff se sentía cada vez menos inclinado a pasar tiempo con ella y eso hacía que se sintiera aún más culpable.

La buena noticia al final de esta historia es que Jeff y su esposa arreglaron su matrimonio. Él encontró nuevas formas de contactar a los nuevos clientes y consiguió una perspectiva más clara y racional de sus responsabilidades para con su madre.

Como sabemos, muchas personas no están realmente dispuestas a ir a un terapeuta, sobre todo si no sienten que lo que les ocurre es un gran problema. Jeff sí lo hizo, pero no creo que la mayoría de las personas sienta esa necesidad. Si la culpa disfrazada se reconoce pronto, es muy posible que la pareja o un amigo cercano que conozca bien a la persona la detecte. En el capítulo 8 perfilaré algunas directrices y daré algunos consejos sobre escuchar de un modo que ayude a las personas a abrirse.

Resumen: La culpa disfrazada

- Es la culpa que la persona no es consciente de estar sintiendo.
- Puede producir síntomas emocionales y conductuales que se atribuyen a otras causas.

- El hábito de disfrazar la culpa (real o imaginaria) puede a menudo remontarse a la infancia.
- El proceso de sacar a la luz este tipo de culpa tiene que hacerse con habilidad y sensibilidad. El terapeuta profesional suele hacerlo con frecuencia. También pueden conseguirlo quienes conozcan a la persona y se preocupen por ella.

La culpa de la infancia

Es un tema sobre el que yo podría fácilmente escribir todo un libro, y la mayoría de los terapeutas también. ¡La culpa de la infancia es un tipo de culpa que aflora con tanta frecuencia! Es una de las principales causas concurrentes de la baja autoestima crónica y de un sinfín de problemas mentales y de salud.

Es de dominio público que nuestras autorrespuestas emocionales por defecto «se conectan» durante nuestros primeros años. Esto las hace mucho más difíciles de controlar. Y es especialmente así, si experimentamos la culpa una y otra vez, o si surgió como resultado de una experiencia traumática. Incluso cuando, siendo ya adultos, podemos ver que muchas de estas respuestas no son lógicas y, en realidad, son perjudiciales para nosotros, siguen teniendo un obcecado y pegajoso poder.

Además, nuestros padres u otros adultos que tuvieron poder e influencia sobre nosotros cuando éramos niños, inducen gran parte de esta culpa. A continuación, unos cuantos ejemplos breves de este tipo de «mensajes» con los que me he encontrado a través de las palabras, las actitudes o las consecuencias:

- ¡Se supone que eres un chico brillante; el problema es que eres perezoso! Por eso has fallado... ¡Me siento tan avergonzada de ti cuando oigo esto de boca de los profesores!
- ¡Vas a acabar conmigo antes de tiempo, con tanto ruido! ¡Estoy hecha polvo! [De una madre que murió de cáncer de mama con treinta y tantos años].
- ¡Mira lo que me has obligado a hacer! [De un padre que acababa de poner la mesa patas arriba y se había cortado en la mano al recoger un trozo de cristal].
- ¡Tener que hacer esto me duele a mí más que a ti, pero te lo has ganado! [Cuando se ha aplicado un castigo excesivamente severo].

- Es una peleona y una mentirosa… Supongo que toda familia tiene una oveja negra. Es mi cruz. [Conversación telefónica escuchada por casualidad].
- ¡Te dije que los cuidaras… mira lo que ha ocurrido! Tu hermano está en Urgencias. [Al mayor de los hermanos cuando tenía nueve años].
- ¡Acabarás como tu padre; no puedes ser un flojo y pensar solo en ti! [El padre abandonó a la familia y vivió de las prestaciones la mayor parte de su tiempo].
- Te dije que parecías una zorra con ese vestido… ¿Qué esperas vistiéndote así? [Después de que una chica de catorce años hubiera sufrido inquietantes insinuaciones sexuales].

Y, por supuesto, el daño también podría hacerse de manera indirecta sin que nadie tenga la culpa. Conocí hace poco a alguien de ochenta y tantos años quien, al descubrir el tema sobre el que yo estaba escribiendo, afirmó sentirse culpable de su propio nacimiento. Fue un bebé prematuro, y su madre ya no pudo tener más hijos después.

Aquí tenemos otros ejemplos conocidos de personas que se sienten culpables de ser las personas destinadas a ser quienes son:

- Haber nacido ciega y saber que su discapacidad había limitado la vida de sus padres y de sus hermanos.
- Ser menos inteligente que la media y necesitar una tutoría privada antes de sus exámenes.
- Ser más inteligente que sus hermanos y hermanas, y conseguir una beca que la capacitara para ir a la universidad y estudiar una buena carrera.
- Ser un deportista prometedor cuyo entrenamiento y partidos han requerido los sacrificios de toda la familia.
- Ser un hijo ilegítimo y… *acarrear vergüenza sobre la familia y destrozar la vida de mi madre* [compartido por un hombre muy anciano].

Y, por supuesto, también están los secretos culpables que algunos niños sienten que tuvieron que guardar (correcta o incorrectamente), como:

- robar dinero del monedero de mamá y de la billetera de papá;
- odiar a un hermano al que los padres favorecían y orar para que muriera;
- mentir una y otra vez para ocultar que se está lastimando a una hermana menor;
- culpar a un compañero de escuela por hacer algo, a sabiendas de que no fue así;
- la masturbación y otras exploraciones sexuales;
- sentirse atraído por el mismo sexo;
- echar de menos a papá y reunirse con él en secreto tras el divorcio;

- ir a la sinagoga aunque ya no seguía creyendo;
- mentir una y otra vez sobre dónde había pasado la noche;
- ser violado por un tío.

Por supuesto, muchas personas sufren estas experiencias y, cuando crecen, hablan o se ríen de ellas. Tristemente, otros no pueden hacerlo. Cuando se «confiesan» o se habla sobre ellas, la emoción de la culpa inunda de nuevo su sistema. Inclinan típicamente la cabeza o se cubren el rostro con las manos. Como era de esperar, con frecuencia sienten una culpa vergonzosa en la actualidad. Consideraremos formas de ocuparnos de la culpa de la infancia en el capítulo 7.

Resumen: La culpa de la infancia

- Muchas de las respuestas conductuales que usamos para tratar con esta culpa de la infancia se integran en nuestro cerebro y se convierten en nuestras respuestas emocionales por defecto. Esto hace que sean difíciles de cambiar, por no decir imposibles.
- Los padres y otros adultos relevantes de nuestra infancia suelen inducir esta culpa, y nuestra relación con ellos habría coloreado nuestras respuestas.
- Alguna de esta culpa ya no es relevante para nosotros como adultos. Está relacionada con los sistemas de valores de otras personas y con nuestros propios valores actuales. Sin embargo, todavía puede desencadenar respuestas inadecuadas que necesitan ser mantenidas bajo nuestro control.
- Alguna culpa de la infancia está relacionada con las ofensas de la infancia, que pueden requerir nuestra atención, porque afectan nuestra vida, nuestras relaciones o nuestra paz mental hoy.
- La culpa de la infancia suele mezclarse con la vergüenza y, por tanto, disminuye nuestra autoestima.

La culpa parental

¡Ahora, la otra cara de la moneda! No hay un padre o una madre a los que no les haya asediado la culpa en algún momento, durante su vida.

> **Estoy intentando evitar, ya sabes, la culpa, aunque antes de que el niño haya nacido ya estás pensando que estás haciendo mal las cosas... ¿Por qué creo que esto será probablemente así hasta el día en que te mueras?**
>
> EMILY MORTIMER, ACTRIZ
> BRITÁNICA

Es un papel que la inmensa mayoría de nosotros queremos desempeñar, desesperadamente, con mayor perfección que cualquier otra tarea que podamos emprender. Pero, por supuesto, ni lo hacemos ni podemos.

Una vez que te conviertes en padre o madre, la culpa está garantizada. Hoy día, incluso empieza a darnos codazos antes de que el bebé haya nacido. Recientemente me encontraba navegando por un foro de la Internet, de madres embarazadas, y estos son tan solo unos cuantos de los «pecados» que confesaban:

- ↘ Dormir en la «posición incorrecta».
- ↘ Tomar un café.
- ↘ Comer chocolate, queso Brie y de cabra, un huevo frito poco hecho y una galleta que había caído al suelo.
- ↘ Beber un vaso de vino a la semana.
- ↘ Desplazar muebles sin pedir ayuda.
- ↘ Estresarse en el trabajo.
- ↘ No realizar mis ejercicios de respiración de yoga.
- ↘ No escuchar música clásica para «la barriguita».

Después de más años de los que me atrevo a mencionar, solo con escribir esta lista se disparaba la culpa también en mí. Y esto sucedía aun cuando en mi época ni siquiera sabíamos que tales «pecados» podían perjudicar a nuestros bebés no nacidos.

Aunque con intenciones positivas, los profesionales sanitarios indujeron esta culpa. Por medio de folletos, anuncios publicitarios y consejos cara a cara transmiten la sabiduría que se ha ido acumulando de la investigación del cuidado prenatal. Quieren que las madres se sientan culpables si no se toman en serio este nuevo conocimiento. Cuando la culpa empieza a ser demasiado pesada, la mayoría se lo tomará a chiste como hacen en el tipo de foro que he mencionado. Sin embargo, una gran cantidad de madres y padres no pueden actuar así. Esta clase de información que induce a la culpa los estresa y asusta. No pueden cambiar los hábitos de toda una vida de la noche a la mañana.

Cuando nace el bebé, la carga de la culpa crecerá sin lugar a duda. Su culpa prenatal los dejará predispuestos a absorber más y más. La culpa parental es ahora un tema común de conversaciones banales y se trata con regularidad en los manuales, revistas y páginas webs sobre ser padres. Sin embargo, que yo sepa, no se ha realizado ninguna investigación académica seria que haya demostrado este surgimiento ni apunta de forma concluyente a las razones para ello. Por mi propia práctica de trabajar con padres, he observado numerosas cuestiones que, en los años recientes, han recurrido una y otra vez, y pueden causar esta acumulación de culpa:

- **Carreras duales.** Un estudio reciente por parte de la página web Mumsnet.com afirma que son menos las madres trabajadoras que se sienten culpables, pero ahora descubro que son los padres que trabajan los que van incrementando los números.
- **Restricciones económicas.** Tal vez algunas de estas cosas se deben a las elecciones del estilo de vida, pero muchas no. Son numerosas las personas que no pueden permitirse suplir sus propias necesidades y expectativas ni las de sus hijos. Estas últimas suben vertiginosamente a medida que aumenta la globalización ¡y la publicidad se ha vuelto tan sofisticada! No hace mucho tiempo, los teléfonos inteligentes y las computadoras individuales para niños eran un lujo, pero ahora que el mejor amigo de tu hijo se está mudando al otro lado del mundo y quieren mantenerse en contacto, y el cincuenta por ciento de su clase tiene el modelo de este año, se hace difícil decirle que no.
- **Horas de trabajo más largas.** Esto puede ser un problema, en particular en el Reino Unido donde las horas laborales son extralargas, y resulta difícil y caro que las familias encuentren guarderías de calidad. Al existir una distancia geográfica cada vez mayor entre las familias, el apoyo tradicional está menos disponible.
- **La presión de las rupturas matrimoniales y las familias reconstituidas.** Aunque este problema sea ahora común y corriente, la culpa parental que desencadenan parece tan alta como siempre.
- **El rápido surgimiento de las familias de culturas mixtas.** Este desarrollo es emocionante, pero también es un reto para los padres.

Parece exigir un compromiso adicional, tiempo y aptitudes de negociación. El choque de los valores y las expectativas de ser padre/madre suelen dejar a una de las partes, al menos, sintiéndose culpable por no darles a sus hijos la crianza que ellos creen es la correcta.

- **El creciente volumen de información sobre el cuidado infantil disponible a través de la Internet**, de la que gran parte es buena y proporciona apoyo. Sin embargo, para los padres inseguros que se encuentran con dificultades, puede resultar abrumador y confuso.

- **La tendencia que parece equiparar el valor de los padres al éxito y la conducta de sus hijos.** Esto se ha internalizado cada vez más, y la autoestima y la confianza de los padres también se están viendo afectadas por esta corriente. Esto se ha convertido en un problema creciente ya que los medios de comunicación nos confrontan con las imágenes de padres perfectos con hijos perfectos. Estas hermosas estampas calan hondo y nos hacen desear *Si tan solo...* Cuando los padres buscan ayuda, la culpa es siempre la primera cuestión con la que los terapeutas y los consejeros tienen que tratar antes de poder avanzar hasta las cuestiones principales. Esto sucede a pesar de nuestro creciente conocimiento del papel que juegan los asuntos genéticos, fisiológicos y culturales en el moldeado de nuestros hijos.

Por tanto, si es cierto que la culpa parental va en aumento, es imperativo que aprendamos cómo gestionarla bien. Reírse de ella o «tirar la toalla» deslizándote de manera defensiva en el *laissez-faire* de la paternidad solo aporta alivio a muy corto plazo y no les hace a nuestros hijos ningún favor. Casi todos los consejos y las estrategias que figuran en este libro ayudarán. En el capítulo 8 aparecen algunas sugerencias sobre cómo ayudar también a los niños con su culpa.

> **La paternidad es extraordinaria, porque puedes estropear a alguien desde el principio.**
>
> JOHN STEWART, SATÍRICO ESTADOUNIDENSE

Resumen: La culpa parental

- La culpa parental es casi inevitable para todo aquel que tiene un hijo.

- Surge porque los padres están naturalmente programados para querer hacer este papel de la forma más perfecta posible, y la perfección es inalcanzable para los seres humanos.
- Ha aumentado porque el mundo contemporáneo inunda a los padres con una cantidad abrumadora de información, que suele ser contradictoria y, por culpa del estrés de la vida diaria, las aspiraciones parentales son, a menudo, irrealizables.
- Los padres asocian hoy su autoestima con los éxitos de sus hijos y esto causa, con frecuencia, una culpa adicional. Cuando sus hijos fracasan o cometen una ofensa, por lo general se les echa la culpa a los padres o se culpan ellos mismos.

La culpa del superviviente

Este tipo de culpa se identificó por primera vez, como un tipo especial, en la década de los sesenta. Se aplicaba originalmente a los supervivientes de la guerra de Vietnam. Pero, por supuesto, ya existía antes de entonces, y ahora se aplica a numerosos temas de supervivencia. En unas ocasiones tiene un elemento racional y en otras no. Cualquiera que sea su tipo, es necesario que se gestione bien, porque puede bloquear a los sufridores e impedirles avanzar desde sus experiencias traumáticas. Estas son las clases de pensamientos que encadenan continuamente a los supervivientes a su pasado:

- No tenía derecho a sobrevivir.
- No merezco estar aquí cuando otros ya no están.
- Si solo hubiera sido capaz de hacer algo distinto.
- Debería haber ayudado.
- Tendría que haber estado allí.
- Es una falta de respeto estar feliz cuando otros no pueden estarlo.
- Yo no debería tener éxito a consecuencia de su infortunio.

Consideremos algunos ejemplos de personas que han experimentado este tipo de culpa. Estas breves citas ilustran cómo puede ocurrir en una amplia gama de situaciones y en cualquier etapa de la vida.

Me sentí culpable durante años pensando que tal vez debería haber vuelto corriendo y haber intentado convencerla para que se quedara conmigo. Quizás no hice lo suficiente para permanecer juntos. Quizás fui demasiado egoísta queriendo salvarme yo.

JOSÉ, SUPERVIVIENTE DEL HOLOCAUSTO

He empezado a experimentar lo que solo puedo describir como culpa del superviviente. Algunos de mis compañeros de clase también eran buenos candidatos y de categoría similar, pero no consiguieron una plaza. También he oído hablar de personas que han solicitado un puesto un montón de veces y tampoco lo logran.

FERN, UNA CHICA DE DIECIOCHO AÑOS EN SU PRIMER AÑO
EN UNA UNIVERSIDAD POPULAR

¡Me sentí tan mal por hallarme entre los pocos que no fueron despedidos! Todavía no he contactado con ninguno de ellos para ver cómo les está yendo, así que la culpa es cada vez peor. Nadie esperaba esta crisis, pero tal vez nosotros sí deberíamos haberla imaginado.

ALAN, BANQUERO ESPECIALISTA EN INVERSIONES

Ha salido adelante con su vida, pero desde entonces ha vivido obsesionado por la culpa del superviviente.

PARIENTE DE PETER QUE VIAJABA EN UN AVIÓN QUE SE ESTRELLÓ; SU
PADRE Y OTRAS SESENTA Y NUEVE PERSONAS MURIERON

Mamá, debería haberme pasado a mí. Al menos, yo he vivido más tiempo.

MI HIJA DE VEINTIÚN AÑOS DESPUÉS DE QUE SU HERMANA, DE
DIECINUEVE AÑOS MURIERA EN UN ACCIDENTE AUTOMOVILÍSTICO

No lograba superarlo; se sentía realmente culpable y no dejaba de decir que debería haber sido él quien muriera.

HERMANA DE UN SOLDADO, QUE FUE HALLADO COLGADO,
DESPUÉS DE QUE SUS DOS MEJORES AMIGOS MURIERAN
EN LA GUERRA DE AFGANISTÁN Y ÉL HUBIERA SOBREVIVIDO

No sentí la culpa del superviviente hasta más o menos dos años después de mi trasplante de médula. Tardé otros seis meses en agarrar el teléfono y llamar a mi médico para preguntar si otros supervivientes de trasplante de médula habían tenido estas oscuras sensaciones de depresión y culpa (aunque no lo hubiera reconocido como culpa).

HOMBRE DE CUARENTA Y SIETE AÑOS QUE PADECÍA LEUCEMIA
Y FUE TRASPLANTADO

Los soldados con los que he conversado y que se vieron involucrados en accidentes por fuego amigo, que segó la vida de sus camaradas, no sienten remordimientos por lo sucedido, sino una culpa terrible, profunda e impertérrita. Y la culpa persistió mucho después de que fueran oficialmente investigados y, finalmente, exonerados.

REPORTERO DE GUERRA DEL *NEW YORK TIMES*

Una docena de decisiones que tomé en el transcurso de un periodo de dos meses podrían haber sido equivocadas, pero no se me ocurrió pensarlo en el momento. Una actuación distinta en cualquiera de aquellos casos le habría salvado la vida. Todavía me persigue la culpa de que aquello le costara la vida.

OFICIAL RETIRADO DEL EJÉRCITO QUE HABLABA SOBRE LA MUERTE
ACCIDENTAL DE UNO DE SUS SOLDADOS

Toda la revelación reciente del abuso sexual en el pasado me ha hecho volver a pensar en mis tiempos escolares. Había un profesor de historia que, sin lugar a dudas, era poco fiable. Me invitó un par de veces a su apartamento para darme unas clases particulares. Empezó a comportarse de un modo distinto conmigo, más amistoso, me rodeaba con su brazo. No volví más. Ahora estoy obsesionado por los rostros de los chicos que sí fueron; eran bastante tímidos. Yo debería haber dicho algo.

HOMBRE DE SESENTA Y TANTOS AÑOS QUE HA EMPEZADO A
SENTIRSE CULPABLE DE NO HABER DADO LA VOZ DE ALARMA
EN LA ESCUELA RESPECTO AL PROFESOR

¿Me crees si te digo que sigo sintiendo punzadas de culpa por Peter, mi hermano mellizo? Me pregunto si podría haber hecho algo mejor con su vida. Mis padres deseaban tanto un hijo, y después de nacer nosotros, ella no pudo tener ninguno más.

AMIGA MÍA DE SETENTA Y SIETE AÑOS CUYO HERMANO MELLIZO MURIÓ
POCO DESPUÉS DE QUE ELLA NACIERA

La mayoría de estas personas salieron adelante con su vida después del trauma, claro está. Sin embargo, muchos habrán sufrido con su culpa del superviviente durante mucho más tiempo del necesario. En el capítulo 8 encontrarás algunos consejos sobre cómo ayudar a cualquiera que pase por cuestiones similares.

Resumen: La culpa del superviviente

- La culpa del superviviente se identificó por primera vez como una condición en la década de los sesenta y, durante largo tiempo, solo se aplicó a personas que sobrevivieron a traumas de guerra y que se sentían culpables por vivir cuando otros murieron.
- En la actualidad cada vez se acepta más que cualquiera pueda sentir esta culpa si ha sobrevivido a un importante trauma de cualquier tipo, mientras que otros han sido menos afortunados.
- Esta culpa puede bloquear gravemente a los sufridores e impedirles seguir adelante con su vida.

La culpa de la riqueza

Este tipo de culpa tiene que ver con sentirse incómodo por tener un estilo de vida confortable, mientras que otros no comparten ese privilegio. Se ha convertido en un reto creciente para las personas que viven en las partes desarrolladas del mundo. Los medios de comunicación emiten constantemente imágenes de quienes sufren dolor y pobreza. Las organizaciones benéficas, económicamente ahogadas, están usando poderosas técnicas de publicidad para remover el cuchillo en las conciencias de los que están en una situación más favorecida, y esto es comprensivo.

Los viajes baratos también han permitido que las personas puedan ver por sí mismas el contraste entre sus vidas y las de aquellas personas de países menos desarrollados. La última crisis financiera global también ha puesto a muchos cara a cara con la dificultad de los demás. No necesitamos que las estadísticas nos digan que, a pesar de todos los programas de ayuda, la brecha entre pobres y ricos se ha ensanchado.

Es evidente que necesitamos afrontar esos hechos incómodos, pero también tenemos que recordar

> **Sé que un hombre que me muestre su riqueza es como el mendigo que me muestra su pobreza; ambos buscan limosnas de mí: el rico, las almas de mi envidia, y el pobre, las de mi culpa.**
>
> BEN HECHT, ESCRITOR ESTADOUNIDENSE

que la culpa de la riqueza puede convertirse en una carga que llevar. Cuando esto sucede podemos perder la voluntad de ayudar a quienes queríamos socorrer. Cuando las personas se deprimen por su culpa, pueden hundirse en el cinismo o en la impotencia.

La cita trágicamente irónica de John Lennon lo dice todo.

Sentirse culpable por ser rico y la culpa de pensar que quizás el amor y la paz no sean suficientes y que tienes que ir y ser tiroteado o algo parecido.

JOHN LENNON, TIROTEADO Y ASESINADO AL CUMPLIR LOS CUARENTA AÑOS

Muchas personas discutirían conmigo que lo totalmente opuesto a la culpa de la riqueza está empezando. Podrían señalar las increíbles colas que yo también he visto fuera de las tiendas de diseño, en algunos de los países más pobres. También podrían llamar mi atención sobre la «canonización» de las celebridades y la forma en que son adoradas. Dirían que su ropa cara y sus caros estilos de vida son más emulados que criticados.

> **A veces me siento mal por haberlo hecho.**
>
> JOHN SYLVAN, MULTIMILLONARIO, RESPECTO A LA CÁPSULA DE CAFÉ MOLIDO QUE INVENTÓ

En última instancia, cada uno tiene que escoger cuál de estas posiciones adoptar. La elección afectará a la cantidad de culpa que puedan llevar y notar en los demás. Sé que este tema molesta a muchas de las personas que conozco y con las que me encuentro a través de los medios de comunicación.

Pero no necesitas tener millones antes de sentir esta culpa. Para mí ha resultado un problema durante toda mi vida. Mis experiencias de la niñez fueron, sin duda, una importante influencia.

Como ya mencioné antes, durante gran parte de mi infancia fui criada en hogares infantiles de pocos recursos. Desde temprana edad fui consciente de haber sido más desfavorecida que los niños que me rodeaban en la escuela. Sin embargo, las monjas que me educaron me mantuvieron consciente de que había quienes estaban peor que yo. Cuando tuve que escoger el nombre de un santo para mi primera comunión, escogí a Isabel. Esta santa fue una noble dama que fue beatificada porque, a pesar de su malvado y agresivo esposo, halló formas «milagrosas» de ayudar a los pobres. A lo largo de mi infancia le recé a esta santa para que me ayudara a ser como ella. Aunque durante mi vida he trabajado para instituciones benéficas y he colaborado con mis donativos, jamás he sido capaz de igualarla, y jamás lo conseguiré. ¡No es de sorprender que luche continuamente contra la culpa de la riqueza!

> **¡A estas alturas, mi única culpa viene de tener que cobrar por el trabajo que hago, de otro modo no podría tener un techo sobre mi cabeza!**
>
> FRANCESCA, ENTRENADORA Y DEDICADA VOLUNTARIA

Los consejos del capítulo 7 están basados en aquellos que me ayudaron a mí y a muchos clientes a gestionar esta culpa, de la que espero no carecer jamás.

Resumen: La culpa de la riqueza

- La vida contemporánea presenta una corriente constante y a menudo abrumadora de información e imágenes de personas menos afortunadas que los habitantes de países ricos y desarrollados.
- Las instituciones benéficas están usando medios cada vez más sofisticados para dar un empujoncito a la conciencia pública, pero la mayoría de las personas solo tienen importes limitados de dinero y tiempo para donar.

- Algunas personas están programadas por las influencias de la infancia a ser más vulnerables a esta clase de culpa.

La culpa del cuidador

Esta es la culpa que sentimos cuando sabemos que deberíamos cuidar mejor a los miembros de nuestra familia o a otros que sentimos son como parte de nuestra familia más extensa. Podría tratarse de un amigo, un vecino o un colega con quien tenemos una relación emocional especial. Es una condición que ahora se reconoce de un modo más amplio en la mayoría de los países desarrollados. Por lo general, se aplica a personas que cuentan con miembros de su familia necesitados de una alimentación y una atención excepcionales, porque son incapaces de apañarse bien por sí solos, normalmente porque son ancianos, están enfermos o padecen alguna discapacidad. Hay otros –algunas madres encintas, por ejemplo– que podrían tener una necesidad temporal de ayuda adicional.

Como la mayoría de los tipos de culpa que hemos analizado, la culpa del cuidador parece ir en aumento. Durante siglos, las mujeres han asumido tradicionalmente el papel del cuidador en el seno de las familias y las comunidades, pero en la sociedad contemporánea no tiene por qué seguir siendo necesariamente el caso: la mayoría de las mujeres tienen una profesión, así como una familia, y esto requiere de su tiempo con gran exigencia. Además, nuestra esperanza de vida aumenta y también se

> **Los cuidadores se sentirán siempre culpables; forma parte de ser un buen cuidador y sentir que siempre podemos hacer algo más.**
>
> SOCIEDAD DEL ALZHEIMER

necesitan mayores cuidados por la edad avanzada. Los adelantos de la medicina también han supuesto que los jóvenes enfermos se mantienen con vida cuando unos cuantos años atrás habrían muerto.

El cambio más reciente en la sociedad, que ha afectado en este sentido y que es un rasgo constante de la repercusión mediática, es que la calidad del cuidado recibido del estado y de las instituciones privadas parece haberse deteriorado. Independientemente de que las historias de terror que escuchamos sean o no engañosas o distorsionadas, nuestra impresión general es que haríamos mejor en evitar el cuidado institucional. Esto ha desencadenado incluso más culpa en aquellos que no tienen más alternativa que ingresar a sus seres queridos en una residencia.

Todo lo que he aprendido al trabajar yo misma con cuidadores y de las organizaciones que en la actualidad los apoyan, me ha convencido de que los sentimientos de culpa son inevitables. Esto se debe a que, como cuidadores de alguien que está en necesidad, siempre nos sentiremos culpables cuando:

- los dejamos;
- les decimos que no;
- empezamos a sentir resentimiento;
- los regañamos, por lo cansados y estresados que nos sentimos;
- tenemos que dejarlos con alguien a quien no conocen;
- vemos tristeza en sus rostros u oímos cómo nos ruegan que nos quedemos;
- olvidamos llamarlos o comprobar cómo se encuentran;
- nos enteramos de que están enfermos y pensamos que deberíamos haberlo notado;
- vemos a otros cuidadores que parecen estar desempeñando su labor mucho mejor que nosotros;
- sabemos que estamos descuidando a nuestra familia y amigos;
- somos menos eficientes en el trabajo y nos tomamos tiempo libre estando en crisis;
- no tenemos suficiente dinero para darles una mejor vida;
- recordamos algo que hicimos, o no hicimos, y que los hirió en el pasado;
- empezamos a sentir pena de nosotros mismos;
- tomamos tiempo para obsequiarnos a nosotros mismos con comida o con regalos.

Nuestro objetivo no debe, pues, consistir en erradicar por completo la culpa del cuidador. Necesitamos deshacernos de todo lo irracional y aprender estrategias y técnicas útiles para afrontar el resto inevitable de la culpa. Encontrarás algunos consejos en el capítulo 7.

Resumen: La culpa del cuidador

- Es la culpa que sentimos cuando pensamos que deberíamos haber cuidado con mayor eficacia a las personas que están en nuestra vida y que tienen una capacidad reducida de cuidar de sí mismos.

- Las mujeres han asumido, de manera tradicional, el papel de cuidadoras, pero como ahora la mayoría de ellas trabajan, ya no pueden ocuparse necesariamente de esto.
- A través de los medios de comunicación somos cada vez más conscientes de lo inadecuado del cuidado institucional y de la creciente oleada de personas dependientes.
- Una cierta cantidad de culpa es inevitable en todo cuidador.

La culpa vergonzosa

Siento la culpa judía y la vergüenza irlandesa, y distinguir cuál es cuál es un trabajo infernal.

KEVIN KLINE, ACTOR ESTADOUNIDENSE

Ya hemos contemplado la diferencia entre la culpa y la vergüenza en el capítulo 1. La culpa vergonzosa es sencillamente una combinación de dos clases de culpa. La sentimos cuando hemos hecho, o creemos haber hecho, algo malo y también cuando tenemos la sensación de que esto demuestra que somos intrínsecamente malos, o no tan buenos como otras personas. Ataca, por tanto, nuestra confianza interior que es la base de nuestra salud mental. Las consecuencias de sentir la culpa vergonzosa son perjudiciales para nosotros y, con frecuencia, también para los demás, porque quizás:

- no nos responsabilizamos de lo que hemos hecho, o creemos haber hecho, porque no queremos que más personas crean que somos malos;
- nos sentimos menos inclinados a pedir disculpas, porque creemos que no querrán oírnos;
- no creemos a nadie que diga que nos ha perdonado y que quiere limpiar por completo la pizarra;
- no hacemos enmiendas por lo que hemos hecho, porque al ser malos es probable que volvamos a hacerlo;
- seguimos haciendo más y, posiblemente, peores cosas, porque es lo que hacen las personas tan malas como nosotros;
- buscamos consciente o inconscientemente la compañía de personas tan malvadas como nosotros;
- nos volvemos cínicos y muy negativos en nuestra forma de pensar;

- nos asilamos o no permitimos que se nos acerquen demasiado las personas por temor de que descubran quiénes somos en realidad y las cosas malas de que somos capaces;
- empezamos a «adorar» a las personas que nos parecen mejores que nosotros, y permitimos que nos cieguen ante sus fallos;
- nos convertimos en «rescatadores» de otros, hasta el punto de descuidarnos a nosotros mismos con el fin de que se nos considere «buenos»;
- nos volvemos demasiado religiosos, porque solo un poder más alto puede perdonarnos;
- nos volvemos exageradamente egocéntricos e introspectivos, y tenemos así menos empatía con los demás;
- nos volvemos deprimidos y con pensamientos suicidas;
- no buscamos ayuda, porque somos indignos y/u otros lo merecen más.

Tal vez hayas observado que algunas de las posibles consecuencias indicadas más arriba son contradictorias entre sí. Se debe a que la vergüenza y la culpa son emociones básicamente diferentes. De modo que, como era de esperar, la culpa vergonzosa es la clase más difícil que se pueda sentir y vencer.

Esto también podría ser porque tiene por costumbre ejercer poder e influencia sobre las personas. A lo largo de la historia, dictadores y políticos han utilizado la culpa vergonzosa como amenaza y castigo.

Dirige a las personas con mandatos judiciales y ponlos en su lugar mediante la ley penal, y evitarán los castigos, pero no tendrán sentido alguno de la vergüenza. Dirígelos con excelencia y ponlos en su lugar mediante el desempeño de un papel y prácticas rituales, y, además de desarrollar el sentido de la vergüenza, se ordenarán por sí mismos de forma armoniosa.

CONFUCIO, FILÓSOFO CHINO

Los maestros también la usaban, en su época, cuando les ponían orejas de burro a los niños, y siguen haciéndolo cuando formulan preguntas en clase y saben que los niños las entenderán de forma incorrecta. Hasta los padres se sirven de ella; por ejemplo, cuando le dicen a su hijo de siete años, en público, que se están comportando como un crío de tres.

Inducir la culpa vergonzosa es también una de las técnicas utilizadas por los anunciantes para vender sus productos. A veces la usarán de un modo directo, mostrando, por ejemplo, imágenes de personas con granos en la cara, sin desodorante y al parecer aisladas entre una multitud; o de una forma indirecta, enseñando a personas que usan sus productos y a las que se ve supercontentas y exitosas. Los gobiernos también emplearán a anunciantes que usan la culpa vergonzosa para ganar las elecciones o conseguir que el pueblo cambie sus puntos de vista o su conducta.

Pero no todas estas personas que usan este tipo de culpa para tener influencia tienen malas intenciones. Muchas intentan ayudar a otros o convertir el mundo en un lugar más atractivo o seguro. Se sirven de este método porque funciona. Pero, por supuesto, actuar así tiene repercusiones en la salud mental de muchos. La vergüenza se les quedará grabada si, por ejemplo:

- no pueden comprar algo que, según se sugiere, sería bueno para sus hijos, el medioambiente o la salud pública;
- no pueden conformarse, porque el mensaje está en conflicto con sus creencias religiosas o sus convicciones profundas;
- ya están demasiado deprimidos o abrumados con otra cuestión psicológica para poder responder y realizar un cambio.

Cuando la vergüenza se adhiere puede causar todos los problemas que ya hemos considerado. Cuando se mezcla con la culpa es incluso más difícil cambiar, como explica Paul Ekman.

La distinción entre vergüenza y culpa es muy importante, ya que estas dos emociones pueden tirar de una persona en direcciones opuestas. El deseo de aliviar la culpa puede motivar una confesión, pero las ganas de evitar la humillación de la vergüenza pueden impedirlo.

PAUL EKMAN, CATEDRÁTICO DE PSICOLOGÍA, UNIVERSIDAD DE CALIFORNIA

Muchas de las técnicas y los consejos que aparecen en este libro ayudarán con este tipo de culpa, pero si sufres enormemente por ello, es posible que necesites también alguna ayuda adicional. Es notablemente difícil cambiar cuando está bien arraigada. Esto es así, sobre todo si fue absorbida por primera vez durante la infancia y se ha venido reforzando de manera

> **La vergüenza es peor que la muerte.**
>
> PROVERBIO RUSO

continua a lo largo de muchos años de adultez. Las personas que sienten una masa de culpa vergonzosa levantan barreras invisibles en torno a sí mismas, y advierten: *No te acerques demasiado.* Si intentas elogiarlas, amarlas o cuidarlas, se sentirán peor, porque «saben» que son indignas. En algunas creencias se piensa que la vergüenza es tan mala que es mejor estar muerto que sentirla.

A la culpa vergonzosa hay que darle una gran prioridad, porque tiene el poder de minarnos en cualquier momento.

Una vez que la vergüenza toca cualquier punto de tu ser, hasta el nervio más distante se ve implicado, lo sepas o no; cualquier encuentro fugaz o pensamiento al azar sacará a relucir la angustia y añadirá a ella.

STEFAN ZWEIG, ESCRITOR AUSTRÍACO

La culpa religiosa

Esta forma particular de culpa es la última en mi lista de diez. Se ha colocado en esta posición porque, aunque no soy una experta profesional en el tema, esta clase de culpa ha tenido un importante impacto sobre mí como persona y sobre las vidas de muchos de mis clientes.

Soy una católica irlandesa y tengo un largo iceberg de culpa.

EDNA O'BRIEN, NOVELISTA IRLANDESA

Durante la mayor parte de mi infancia fui educada, como la escritora Edna O'Brien, por monjas católicas romanas irlandesas. Cualquiera que sepa algo sobre el catolicismo entenderá por qué la culpa religiosa fue una fuerza central en mi infancia. En honor a la verdad, fue una energía que en general me mantuvo en el buen camino. Y me siento realmente agradecida por ello. Doy las gracias, en particular, a las personas que insistieron en los viajes semanales al confesionario. Esto hizo que me alejara de mi vida y que reflexionara con regularidad sobre la moralidad de mi conducta. Es una costumbre que ha quedado arraigada, aunque ya no sea creyente ni use un confesionario religioso. Sin embargo, como adulta, siempre suelo escoger leer novelas, ver películas y escuchar debates radiofónicos que se centren en dilemas morales. Como mis viajes al confesionario, este

> **Los dogmas y las prácticas religiosos aprendidos durante la infancia quedan tan enraizados que incluso cuando se rechazan en la adultez, los fantasmas persistentes se quedan.**
>
> SUSAN CARRELL, AUTOR DE
> *ESCAPING TOXIC GUILT*

hábito sirve de reto para mi propia integridad moral. Ha influido, asimismo, en mi forma de trabajar como psicoterapeuta y, sin duda, ha alimentado mi motivación para escribir este libro.

Sin embargo, la culpa religiosa también ha producido en mí y en muchos de mis clientes y amigos muchísimo dolor innecesario. Por ejemplo, nos dio la carga de la culpa heredada de nuestros ancestros lejanos. El concepto católico del pecado original proporciona a sus adeptos una fuerte dosis de culpa con la que iniciar sus vidas. Pero no son los únicos. Otras religiones hacen lo mismo. Están los que afirman que su razón para estar en el mundo es que hicieron algo tan malo en una vida anterior que debían pasar la vida presente haciendo expiación de aquello. Hoy día, cuando los fanáticos religiosos ejercen la violencia en nuestro mundo contemporáneo, se nos recuerda cómo nuestros ancestros se comportaron de manera similar en nombre de la religión.

Estas clases de «mensajes» alimentan los cimientos de una culpa religiosa prefabricada en nuestra psique colectiva y nos sintonizan de forma más general con la culpa. De modo que cuando algo malo ocurre, la respuesta por defecto en muchos de nosotros es sentirse culpables e intentar pensar en qué habremos hecho mal.

De vez en cuando, de esta introspección surgirá algo bueno, como un entendimiento útil. No obstante, la mayoría de las veces solo causa estrés. En las personas emocionalmente vulnerables, esto puede hacerlos entrar en una enfermedad mental. Con frecuencia empezarán a rumiar de forma repetitiva sobre su culpa, sea racional o no. En el mejor de los casos, esta preocupación hará que se sientan tensos y angustiados, pero pueden llegar a sufrir una depresión clínica o un trastorno obsesivo-compulsivo.

Al trabajar ahora en Londres, una ciudad internacional, veo con frecuencia a parejas de diferentes religiones. Tal vez hayan decidido acudir a mi consulta por su baja autoestima, pero la culpa religiosa suele surgir como uno de los factores causativos. Pocas veces se atreven a hablar del tema con miembros de su familia. José, un joven doctor, fue un ejemplo. Me lo habían derivado para que le ayudara con su falta de confianza. Se dijo que esta afectaría sus posibilidades de obtener un ascenso. Durante nuestras charlas salió a relucir que estaba profundamente enamorado de una muchacha inglesa cristiana. Les estaba ocultando esta relación a sus padres.

No hay forma de sacar esto a relucir. Tengo que casarme con alguien de mi fe. Mi madre quedaría desolada y mi padre me echaría probablemente de casa. No quiero que ocurra esto y, de todos modos, tampoco me lo puedo permitir todavía. [Pronunció la última frase con una sonrisa de «niño travieso»].

JOSÉ, MÉDICO RESIDENTE JUDÍO DE IRAQ, DE VEINTICUATRO AÑOS

Afortunadamente fui capaz de ayudar a José en la primera fase de afrontar su problema. Consideramos formas de reconstruir su confianza interna. Tenía aptitudes externas, pero por dentro temblaba. Reiniciamos su autoestima y aprendimos algunas estrategias que fomentaran en él unos pensamientos más positivos. A continuación trabajamos en la forma de comunicar mejor su situación y sus temores a sus padres. (Aprenderás a hacer esto tú mismo en los próximos capítulos).

Las cuestiones de la culpa religiosa que han compartido conmigo más a menudo han sido entre padres y adolescentes. Por lo general, los padres son religiosos, y el adolescente cuestiona o se rebela. Es un problema generacional antiguo, pero desde el rápido crecimiento del fundamentalismo, creo que está provocando más temor, sobre todo en los padres.

Recientemente me topé con una antigua cliente en un aeropuerto y nos tomamos un café juntas. Le hablé sobre mi proyecto –este libro– y ella me comentó:

Mis padres eran muy religiosos. ¡Eran tan BUENAS personas y hacían tantas obras benéficas! De niña yo también era muy religiosa y me encantaba ir a la iglesia. Cuando abandoné el hogar familiar no seguí haciéndolo. No dejé de creer en Dios, pero la religión ya no era tan importante. Un libro que había leído hacía poco hizo que empezara a pensar y que me remordiera la conciencia. He asistido un par de veces a una iglesia desde entonces, pero no me pareció que fuera para mí. Creo que debería formar parte de la iglesia, ¡pero después del trabajo estoy tan hecha polvo! He empezado a sentirme muy culpable por haber defraudado a mis padres y a Dios.

ADEL, PROFESORA ANTILLANA DE CUARENTA Y SIETE AÑOS,
DE BIRMINGHAM

Conociendo a Adel, imagino que este remordimiento de conciencia conducirá a un resultado positivo. Su autoestima está en forma y ya está realizando un trabajo valioso en su escuela y en su vida familiar. No creo que tarde en encontrar una comunidad eclesial que le encaje, y su culpa disminuirá rápidamente.

Otros, como yo, tienden a buscar soluciones más seculares cuando tenemos una conciencia religiosa intranquila. Espero que este libro pueda ayudar a alguno de ellos. Tengo consejos para probar en el capítulo 7.

Si no fuera atea podría librarme de cualquier cosa. Con solo pedir perdón estaría perdonada. Sería mucho más fácil que tener que vivir sabiendo que hice algo malo.

KEIRA KNIGHTLEY, ACTRIZ BRITÁNICA

Resumen: La culpa religiosa

- Hasta las personas que han abandonado su religión pueden sufrir por esta culpa, sobre todo si las influencias religiosas eran fuertes en los años de su infancia.
- La religión usa la culpa como motivador de una buena conducta, y también para mantener a las personas bajo su influencia.
- El multiculturalismo de hoy ha ayudado a incrementar esta culpa, porque obliga a muchas personas a tomar decisiones sobre su forma de vivir, que no están en armonía con sus creencias religiosas.

CAPÍTULO 3

Las cuatro cualidades personales clave que te ayudarán

1. La autoestima

¡Es crucial que estos dos hechos queden fijos en tu mente ahora y para siempre!

1. Si eres propenso a sentirte culpable, también lo serás a la baja autoestima.
2. Si tienes tendencia a la baja autoestima, también la tendrás a sentirte culpable.

Tal vez estos hechos tengan ya un sentido instantáneo para ti. Pero si no es así, espero que ocurra al final de esta sección. Hasta aquí hemos examinado la culpa con cierta profundidad, así que echemos ahora un breve vistazo a la autoestima. A continuación podremos empezar a considerar la relación entre ambas cosas en algunas de las situaciones de la vida real.

La autoestima se encuentra en el núcleo central de la salud mental y la confianza en uno mismo. Es lo que nos proporciona la creencia de que podemos ser queridos, amados y apreciados por quienes somos, con nuestras faltas y todo. Es, asimismo, la cualidad interna clave que nos enardece para sacarle el mejor éxito a nuestra vida del que **nosotros mismos** nos sentiremos francamente orgullosos.

Otra ventaja de una alta autoestima es que también es la base de la resistencia, la capacidad de volver a levantarte y seguir adelante con positividad después de una equivocación o un revés. Es, por tanto, un deber para aquellos de ustedes que se ven atrapados por la culpa.

Cuando estamos atascados en la trampa de la culpa, la mejor forma de empezar a escalar para salir es potenciar tu autoestima. Una de las formas más rápidas de hacerlo es centrarse en cambiar el lenguaje que hemos usado, porque gran parte del mismo será casi con toda certeza contraproducente. Consideremos ahora cómo funciona esto con cuatro personas diferentes en diversas situaciones de la vida real que han producido culpa.

Primeramente, hagamos una mirada introspectiva. Aunque no te hayas visto en ninguna de las situaciones siguientes, imagino que reconocerás el estilo de la conversación interna con uno mismo.

Ejemplos de conversación con uno mismo que disminuyen la autoestima

¡Lo has vuelto a hacer! ¡Qué insensible puedes llegar a ser! Eres un idiota. ¡Esta vez lo has echado todo a perder! Él te perdonará, pero ella no; no te lo mereces.

PAUL, QUE OLVIDÓ EL CUMPLEAÑOS DE SU HIJO Y RESERVÓ UNA
IMPORTANTE CONFERENCIA DE TRABAJO LEJOS

¿Por qué le grité? ¡Solo tiene cinco años! Parecía aterrorizada. Tal vez creyó que la iba a golpear. Jamás lo haría... pero puede ser que en ese momento lo hubiera hecho. Es que ya no sé nada. No debería haberla dejado ir a la escuela sin darle un gran abrazo... Se va a sentir fatal durante todo el día. ¿Pero qué clase de madre soy...?

FRANCESCA, UNA MADRE ESTRESADA POR LLEGAR A LA ESCUELA
Y A SU TRABAJO A TIEMPO

Ni siquiera recuerdo haber apagado la alarma. ¿Cómo pude volver a dormir hoy precisamente? Oh no, llegaré más de una

hora tarde. Se estará subiendo por las paredes... Estará furioso conmigo. Esta vez sí que he metido bien la pata... Emborracharme anoche fue una locura.

ADAM, QUE SE QUEDÓ DORMIDO POR HABER SALIDO LA
NOCHE ANTERIOR

Tenías que haber vuelto a entrar... otros lo hicieron, y los bomberos lo hacen siempre. ¿Qué has hecho con tu vida desde entonces? Sigues siendo un parlanchín tambaleante. Y corres gran peligro de convertirte en un adicto a los tranquilizantes. Los que estaban allí adentro eran doctores y enfermeras. Tú sigues siendo un mero empleado.

GILL, EMPLEADO DE HOSPITAL Y SUPERVIVIENTE DEL INCENDIO DEL
HOSPITAL CINCO AÑOS ANTES

Entonces, después, cuando se le confiesa la culpa a otra persona, la autoestima recibirá un nuevo golpe. Esto podría resultar incluso más hiriente y desencadenar también más culpa:

Ejemplos de respuestas de los demás que golpean la autoestima

¿No lo habrás olvidado, verdad?... No me lo puedo creer. ¿Qué tipo de padre eres, hijo mío? No me sorprende que ella esté enojada, y que sepas que ella es lo mejor que te ha pasado en la vida. ¿Pero qué pasa contigo?... Estropeas cada oportunidad que tienes.

PADRE DE PAUL

Tienes que controlar ese mal carácter tuyo. Por supuesto que la has asustado... ¡hasta me asustaste a mí! Supe que le ocurría algo tan pronto como la vi; se agarró a mí de una manera... por eso me senté con ella. Me dijo: «Mamá ya no me quiere». Es terrible. Con razón no quiso que la abrazaras a la hora de comer.

MARIDO DE FRANCESCA

¿Cómo has podido dejarme colgado?... Te di una segunda oportunidad y esto es lo que haces con ella... Eres tu peor enemigo... No tienes excusa; puedo reconocer a un borracho en cuanto lo veo. Estás hecho un desastre. ¡Estás despedido!

JEFE DE ADAM

¡No me digas que estás pensando en ese incendio otra vez! No quiero escuchar una palabra más al respecto. Ya he oído bastante. ¡Tienes que recuperarte! Otros lo han hecho. Mira a Sally, incluso ha conseguido ser ascendida desde entonces. Deja de sentir lástima de ti misma. Tengo que levantarme dentro de tres horas para ir a trabajar. Tómate otra pastilla.

MARIDO DE GILL

En los tres primeros ejemplos, la culpa era racional y algunos argumentarían que las respuestas de las personas en sus vidas son justamente merecidas. Tal vez sea así, pero si estas personas van a ser capaces de recuperarse alguna vez de sus equivocaciones y realizar enmiendas que resulten, necesitarán reparar su autoestima.

En nuestro cuarto ejemplo, la culpa de Gill podría no haber sido racional, pero le estaba causando problemas importantes. Su autoestima también estaba, sin lugar a dudas, perjudicada, y habrá sido necesario restaurarla.

Antes de seguir adelante, respecto a cómo reparar ese daño, consideremos cómo se habría podido evitar. Hay mejores formas de responder a las situaciones de culpa, que pueden proteger y fortalecer realmente nuestra autoestima. El lenguaje que usamos es clave.

En primer lugar, como sabe la mayoría de las personas hoy día, la forma en que nos hablamos a nosotros mismos es importante. Nuestras conversaciones con nosotros mismos afectan directamente nuestro ánimo y moldean nuestra forma de pensar y de presentarnos al mundo. Si es negativa, disminuirá nuestra capacidad de ocuparnos de nuestra culpa de forma constructiva.

En segundo lugar, las respuestas que damos a las personas que reaccionan de forma negativa cuando nuestra culpa sale a la luz también son clave. Si estas son negativas, las relaciones mismas que son cruciales para respaldarnos también podrían verse gravemente perjudicadas.

Analicemos, pues, el tipo de lenguaje más útil para tu autoestima en tales situaciones.

Lenguaje que protegerá tu autoestima cuando te estés sintiendo culpable

Cuál es la mejor manera de hablarte a ti mismo y de contestar a las respuestas negativas de los demás a tus sentimientos de culpa:

Verbal:

- Usa frases sencillas, breves, para aceptar claramente la responsabilidad de lo que has hecho o pensado mal.
- Coméntate los aspectos positivos relevantes para la situación, sobre todo si estos se han ignorado o si has sido acusado de forma incorrecta.
- Discúlpate si puedes, pero solo una vez (puedes repetirlo más adelante, si al parecer no se ha oído la disculpa de manera genuina).
- Comparte cualquier cosa que hayas aprendido de esta experiencia.
- Declara con brevedad que tienes la intención de hacer enmiendas.

No verbal:

- Ve con paso tranquilo, pero enérgico.
- Enfatiza las palabras y las frases clave haciendo una ligera pausa antes de pronunciarlas con voz firme.
- Pisa fuerte a la vez que echas los hombros ligeramente hacia atrás.
- Usa el contacto visual directo para empezar y durante tanto tiempo como puedas.

Ceñirse a estas directrices puede parecer pedir demasiado. ¡Y es que lo es! Resulta mucho más difícil de hacer de lo que parece. Incluso las personas más confiadas lo encuentran difícil, por lo poderosa que es la culpa para hundirnos. Si has sido propenso a la culpa y a la baja autoestima durante largo tiempo, deberás repetir esta práctica durante unos meses hasta que te acostumbres a esta nueva manera de abordar la situación.

Este ejercicio te proporcionará la oportunidad de aplicar esta teoría a una de tus propias situaciones de culpa. Aunque te pueda parecer largo, solo debería llevarte unos diez minutos, como mucho.

EJERCICIO: USAR UN LENGUAJE PROTECTOR PARA TU AUTOESTIMA CUANDO TE SIENTES CULPABLE

1. Vuelve a leer los ejemplos que di anteriormente en este capítulo de las conversaciones internas de Paul, Francesca, Adam y Gill, y de las respuestas de otras personas a su culpa.
2. Lee las versiones alternativas que fortalecen la autoestima, que te indico más abajo. Tendrás que usar, por supuesto, tu imaginación para «escuchar» y «ver» su lenguaje corporal.
3. Vuelve a leerlas, pero esta vez observa los mensajes clave y cómo combinan sus palabras y frases revisadas con las directrices del lenguaje verbal que te di anteriormente.
4. Ahora lee estas nuevas versiones en voz alta. Mientras lo haces, asegúrate de usar el lenguaje no verbal que he sugerido más arriba.
5. Observa cómo te sientes al leer. Pregúntate qué te parece bien decir y qué crees que sería más difícil. Esto indicará en qué ámbito necesitas una práctica adicional.
6. Piensa en algo de lo que todavía te sientes culpable. Si es posible, escoge un ejemplo que no hayas compartido con nadie por temor a cómo puedan reaccionar.
7. Imagina que ahora se lo vas a confesar a esa persona. (¡No tienes por qué hacerlo en la vida real!). Escribe alguna autoconversación que puedas usar para asegurarte de que tu autoestima permanezca intacta.
8. Imagina y escribe lo que temes que la otra persona pudiera decir o pensar tras escuchar hablar de tu culpa.
9. Redacta una respuesta sirviéndote de las directrices que protegerían y fortalecerían tu autoestima.
10. ¡Date un capricho!

EJEMPLOS DEL LENGUAJE ALTERNATIVO QUE PABLO, FRANCESCA, ADAM Y GILL PODRÍAN HABER USADO PARA PROTEGER SU AUTOESTIMA (NOTA: HE RESALTADO FRASES EN LAS QUE SE HAN SEÑALADO LOS PUNTOS CLAVE):

Pablo

A sí mismo:

Olvidé su cumpleaños, pero esto no significa que no quiera a mi hijo. **Lo amo** y organizaré una fiesta de cumpleaños superespecial para demostrarle que lo siento. Pondré un recordatorio permanente en mi diario un mes antes de su cumpleaños para que esto no vuelva a suceder. Lo explicaré.

A su padre:

Papá, me olvidé y estoy tomando las medidas necesarias para asegurarme de no volver a olvidarme **nunca más.** Yo **soy un buen padre,** aunque no sea perfecto. Haré las paces con él. También amo y aprecio a mi esposa, me he disculpado y le he dicho lo que estoy haciendo.

Francesca

A sí misma:

Le grité, porque estoy estresada. Me tomaré algún tiempo para volver a empezar las clases de yoga. Compraré un libro con técnicas para controlar la ira. Amo a mi hija profundamente y puedo llegar a ser **una madre incluso mejor.** Me levantaré quince minutos más temprano para que no tengamos que ir a toda prisa.

A su esposo:

Entiendo que te hayas enfadado. Lo que hice **estaba mal.** Haré todo lo posible para gestionar mi estrés y aprender a controlar mejor mi carácter. Me **comprometo a ser una buena madre,** porque amo a mi hija con todo mi corazón. Siento tanto haberte disgustado a ti y a ella también.

Adam

A sí mismo:

He cometido un **gran error.** Ha sido una llamada de atención. Desde ahora en adelante, una bebida después del trabajo es lo máximo que tomaré de lunes a viernes. Ahora tengo la **oportunidad de empezar de nuevo** y sacaré el mejor provecho de esto.

A su jefe:
Entiendo por completo que me estés despidiendo. Lo merezco. Gracias por haberme dado esta segunda oportunidad. Esto ha sido una llamada de atención para mí y tengo la intención de darme a mí mismo un nuevo comienzo. Estoy **absolutamente comprometido con mi profesión.** Se **acabaron** las borracheras para mí durante la semana.

Gill

A sí misma:
El incendio sucedió hace cinco años y sigo sufriendo de la culpabilidad. Ha llegado el momento de conseguir alguna ayuda. Haré los ejercicios del libro. También buscaré un grupo de autoayuda de TEPT [Trastorno por estrés postraumático] o un consejero, si necesito ayuda adicional. **No permitiré que esta culpa destruya mi matrimonio.**

A su esposo:
Siento mucho haberte molestado de nuevo. Es verdad que sigo atascada en esta culpa del superviviente. Ya me he comprado un libro de autoayuda que me está ayudando. También es posible que busque un grupo de apoyo y/o un consejero. **Nuestro matrimonio es tan importante para mí** que estaré encantada de dormir en otro lugar hasta estar segura de tener esta culpa mejor controlada.

> **Los santos son los pecadores que siguieron adelante.**
> ROBERT LOUIS STEVENSON

Bien, aquí tienes algunas formas más fáciles de seguir fortaleciendo tu autoestima. Podrías centrarte en una de ellas cada semana, durante los próximos dos meses. Algunas son rápidas y se pueden hacer al instante; otras requerirán un poco más de tiempo. Si las pruebas todas, pronto descubrirás cuál te funciona mejor.

Consejos para reiniciar tu autoestima cuando te sientas culpable

1. **Aumenta tu autoprotección física.** ¡Es una forma tan básica de demostrarte amor a ti mismo! Observa cómo los padres atentos abrazan a su hijo que ha hecho algo malo y está genuinamente arrepentido. Apunta siete equivalentes adultos de darte un «abrazo de ánimo». Asigna uno para cada día de la semana y pruébalos: un descanso de quince minutos con tu bebida favorita/escuchando tu música favorita/sumergida en un baño aromático.

2. **Regálate risas frecuentes.** Esto te ayudará a mantener tu culpa en perspectiva y a darte un empujón instantáneo. Por ejemplo, mira algunos videoclip en YouTube de tus cómicos favoritos en los descansos que haces para tomar café, o mantén un contacto regular con amigos ingeniosos con los que te diviertas.

3. **Abandona un hábito perjudicial**, al menos durante una semana. (¡Sí, es posible que hayas detectado a la excatólica que hay en mí! Es como una penitencia. Funciona y te sientes renovada).

4. **Haz algo que se te dé bien.** Podría ser una tarea sencilla y corta. Por ejemplo, si eres un buen oyente, telefonéale a un amigo a quien sepas que le puede venir bien usar diez minutos de tu tiempo para «descargar» sus preocupaciones o jugar a algo en lo que ambos sean expertos.

5. **Recompénsate por algo que creas haber hecho bien, o suficientemente bien, recientemente**, y rechaza cualquier mensaje saboteador que tu culpa pueda disparar a tu mente, como: *No te lo mereces; otros lo hicieron mejor.*

6. **Escríbete un testimonio entusiasta que te motive.** No tienes por qué enseñárselo a nadie. Sé sincero o no funcionará.

7. **Trae a tu mente la imagen de un «pecador» reformado.** Podría ser alguien famoso o alguien a quien conozcas: Nelson Mandela, el «terrorista» que se convirtió en un ícono de bondad política; una estrella de rock que abandonó su adicción a la droga; tu hermano delincuente que se convirtió en un padre

amoroso. Los medios de comunicación están llenos de ejemplos, ¡así que no hay excusa!

8. **Visualiza un momento de orgullo pasado.** Escoge un lugar tranquilo donde relajarte, cierra los ojos y recuerda con detalles vívidos una ocasión en que alcanzaste una meta de la que te enorgulleces. Siente el orgullo que percibiste entonces y disfrútalo de nuevo.

9. **Establece un objetivo inspirador para ti mismo.** Piensa a pequeña escala, de otro modo, estando con esa mentalidad de culpa sería un fracaso seguro.

10. **Profundiza una relación especial.** Debería ser alguien que te quiere o que le caigas bien y que sepa que no eres perfecto. Envíale una tarjeta, cómprale unas flores o solo llámale para decirle que le echas de menos.

Finalmente, siempre puedes darle un buen cambio de imagen a tu autoestima cuando tengas un poco más de tiempo libre. Mi libro, *Autoestima*, es un programa completo de autoayuda para hacer exactamente esto. En esta sección solo he podido arañar la superficie del conglomerado de la autoestima. Nunca enfatizaré bastante lo crucial que es para ti tener de verdad una buena autoestima. Te proporcionará la resistencia para no absorber la culpa innecesaria. También te hará menos dependiente de la aprobación y del perdón de los demás, y podrás permanecer a cargo de tu propia conciencia.

> La autoestima y el autodesprecio tienen olores específicos; se pueden oler.
>
> ERIC HOFFER, ESCRITOR ESTADOUNIDENSE

2. La humildad

A primera vista, esta cualidad puede parecer contraria a la última que hemos considerado. En mi opinión no lo es. Si tenemos una buena autoestima, poseemos la confianza de ser humildes, y esto es sumamente necesario para abordar de manera adecuada nuestra culpa y ayudar a otros a enfrentar la suya. Muchas personas de éxito tienen esta cualidad. He incluido citas de algunas personas famosas para que actúen como recordatorios.

Veo *Batman & Robin* de vez en cuando. Es la peor película que he hecho jamás, así que es una buena lección de humildad.

> Todos los riachuelos fluyen hasta el océano, porque está más bajo que ellos. La humildad le da al océano su poder.
>
> LAO-TSE

GEORGE CLOONEY, ACTOR NORTEAMERICANO

¿Qué puede hacer por nosotros la humildad?

Nos ayuda a:

- **aceptar que no somos perfectos** y que tampoco lo es ningún ser humano. Esto hace que nos resulte más fácil conectar con personas de todos los trasfondos y culturas, que es tan importante en nuestro mundo contemporáneo.

Todas las profesiones suben y bajan como las amistades, los matrimonios, como cualquier otra cosa, y nadie puede acertar siempre.

JULIE ANDREWS, ACTRIZ BRITÁNICA

- **confesar nuestros errores** o expresar nuestro temor de cometerlos. Es lo que otros quieren y necesitan que hagamos, y les ayudará a confiar en nosotros en el futuro.

La humildad conduce a la fuerza, no a la debilidad. Admitir los errores y hacer las enmiendas oportunas es la forma más alta de respeto por uno mismo.

JOHN J. MCCLOY, ABOGADO Y BANQUERO ESTADOUNIDENSE

- **pedir ayuda.** Entonces puedes hacer las enmiendas que las personas quieren o necesitan de verdad. Podemos, asimismo, pedir ayuda con nuestra persistente culpa irracional, con la que nos puede resultar muy difícil tratar nosotros solos.

Muchos recibimos consejo, pero solo los sabios lo aprovechan.

HARPER LEE, ESCRITORA NORTEAMERICANA

- **perdonarnos a nosotros mismos de forma genuina**, en lugar de suplicar el perdón de otros, que tal vez no quieran darnos. Esto nos ayudará a dejar los hábitos autopunitivos. Uno de los míos, como el de James Baldwin, se estaba escondiendo.

Los jóvenes piensan que equivocarse es el fin de la Ruta de Siberia, el destierro de toda la vida, y tienden a hacer lo que hice en aquel entonces, esconderme.

JAMES BALDWIN, ESCRITOR NORTEAMERICANO

- **volver el foco de nuestro pensamiento más hacia los demás**, en especial hacia aquellos a los que hemos herido.

La humildad no consiste en pensar mal de ti mismo, sino en pensar menos en ti.

C. S. LEWIS, ESCRITOR Y ACADÉMICO BRITÁNICO

- **pedir una reacción crítica.** Esto nos ayudará a evitar los errores y los fallos y, así, impedir la culpa innecesaria o la preocupación de no ser lo suficientemente buenos.

Tómate la crítica en serio, pero no de forma personal. Si alguna verdad o mérito hay en ella, intenta aprender de ella. De lo contrario, ignórala.

HILLARY CLINTON, POLÍTICA ESTADOUNIDENSE

- **aprender de nuestros errores.** Esto es crucial, ya que es quizás el paso más importante que podamos dar y que nos capacita para liberarnos tanto de la culpa racional como de la irracional.

Si tuviera que vivir otra vez, cometería los mismos errores, solo que los cometería antes.

TALLULAH BANKHEAD, ACTRIZ ESTADOUNIDENSE

Espero que ahora estés firmemente convencido de las virtudes de esta cualidad y de su relevancia para nuestro trabajo. ¿Cómo debemos, pues, desarrollarlas? Hasta donde yo sé, nadie ha encontrado aún el gen de la humildad. Y aunque algún día lo hicieran, estoy firmemente persuadida de que se podrá llevar a cabo a partir de nuestra propia experiencia. Esto es una buena noticia, porque significa que podemos emprender acción para reforzarla. Aquí tienes algunos consejos para ayudarte a hacerlo.

Consejos para ayudarte a fortalecer tu humildad

Recuerda a las personas que han logrado objetivos que superan tus capacidades. Lee biografías y ve películas de personas que han realizado hazañas extraordinarias. Escuchar entrevistas con científicos de gran éxito funciona para mí. (Curiosamente, a menudo se les escucha hablar de sus errores y fracasos en el camino hasta su logro).

Sigue estudiando. Apúntate a una clase de algo para lo que no tengas verdadero talento. Yo me decanté por la pintura ¡y mi humildad subió vertiginosamente!

Comparte los errores pasados de la manera adecuada. Adopta un tono confiado e incluye lo que hayas aprendido de ellos. *En una ocasión rompí un jarrón de Nana y le eché la culpa a mi hermano. Ella le gritó. ¡Me sentí tan culpable! Él fue horrible conmigo durante mucho tiempo y luego me echó la culpa a mí de algo más grave de lo que yo había hecho. Me castigaron. Aprendí que es mejor confesar.*

Conviértete en un estupendo interrogador. Alienta a otros para que te cuenten más sobre lo que necesitas saber. Pregunta abiertamente a personas que hayan salido adelante, sobre el qué y el cómo: *Ya sé que ha dicho en su conversación que lo ha dejado atrás y que ha salido adelante, pero ¿qué fue lo que hizo exactamente que le ayudó a seguir progresando? ¿Cómo logró detener las preocupaciones de «¿y si?» que le dan vueltas en la cabeza?*

Pide críticas útiles. Solicita aclaración: *Sé que dijiste que yo necesitaba mejorar, ¿pero puedes proporcionarme algunos ejemplos de cómo puedo hacer las cosas de otro modo? Estoy ansioso por no repetir este error de nuevo.*

Sí, reconozco que tiendo a callarme en vez de transmitirte directamente lo que estoy sintiendo. ¿Podrías indicarme cuándo me comporto así, porque es una costumbre de la que ni siquiera me doy cuenta?

Suelta tu perfeccionismo en muchos ámbitos de tu vida. En realidad, en la mayoría de los ámbitos de nuestra vida creo que solo necesitamos realizar un trabajo lo bastante bueno. Puedo afirmar esto con seguridad, ya que soy una perfeccionista, y también lo es la mayoría de mis clientes. Tú, sigue haciéndote con regularidad la siguiente pregunta: ¿NECESITO hacer esto a la perfección o sería aceptable hacerlo bastante bien? Pídeles también a las personas cercanas a ti que te reten.

> La humildad es una cosa extraña. En el minuto que crees tenerla, la has perdido.
>
> E. D. HULSE, BARONESA Y POLÍTICA BRITÁNICA

Puedes, por ejemplo, aspirar al «bastante bien» en jardinería, en la decoración de la casa, en el reciclado, en cocinar, en las rutinas de ejercicio y hasta en las parentales. ¡Muchos de nosotros lo hacemos y seguimos con vida para contarlo!

No seas transigente con tu humildad; ¡recuerda estas sabias palabras!

3. Confianza

Las personas con tendencia a sentirse culpables suelen ser muy responsables. Se sienten forzadas a hacer «lo correcto», por lo mucho que temen hacerlo mal. Esta es una de las razones por las que son buenos líderes. Creemos que podemos confiar en ellas. Nos alegra permitir que cuiden de nuestros intereses. Nos sentimos seguros con ellas y tenemos la confianza de que no nos van a decepcionar. Se moverían con meticulosidad a través de la información y el consejo antes de optar por la decisión más fiable, eficaz y ética. Pondrán, asimismo, el mayor cuidado en escoger con exactitud a las personas correctas para ejecutar el plan. Una vez elegidas, confían en que tendrán éxito y no defraudarán con el proyecto. En resumen, son ejemplos inspiradores de culpa positiva.

Sin embargo, son aquellas que tienen los mismos factores influyentes de buena personalidad, pero por alguna razón, su temor a hacer ellas –o los demás– las cosas mal es excesivo. A continuación, unas cuantas formas de poder reconocerlas.

LOS FANÁTICOS DEL CONTROL

Quienes:

- se obsesionan con la planificación y la organización. Cada minuto de sus «relajantes» vacaciones puede programarse.
- tienen que llegar siempre tempranísimo a sus citas o cuando salen de viaje.
- no pueden relajarse si es otra persona quien conduce, aunque sea una conductora formidable.
- micromanejan a cualquiera que trabaje para ellos, verificando cada detalle por encima de su hombro.
- son sobreprotectores. «Ten cuidado» son sus palabras favoritas.
- se ponen muy nerviosos ante la espontaneidad.
- les parece que lo emocionante sobrelleva su idea del infierno.
- conocen la forma correcta de darle una patada a una pelota, el mejor partido político para el gobierno, la forma más rápida de planchar una camisa ¡y hasta la forma más eficaz de disponer el contenido del refrigerador!

¿Cómo se convierten los presuntos «fanáticos del control» precisamente en eso? Con bastante frecuencia, un error pasado los ha dañado mucho y siguen sintiéndose culpables. Han perdido toda confianza en sí mismos. A veces, son otros los que pueden haber cometido la equivocación, pero ellos pueden seguir sintiéndose responsables en parte (aunque tal vez sin razón). Por lo general, les queda alguna culpa residual racional o irracional de la infancia. El resultado es que se vuelven <u>exageradamente</u> precavidos. Tener el control es su forma de impedir equivocarse ellos mismos o que lo hagan otros. También pueden sobresalir en el trabajo adecuado, pero pueden llegar a ser infernales para sus trabajadores y un verdadero reto para quienes viven con ellos.

71

Además, están también aquellos cuya incapacidad de confiar en los demás (por razones parecidas a las del temor a la culpa) los lleva en una dirección distinta. Se convierten en «rescatadores». A continuación facilito algunos de sus rasgos que tal vez reconozcas.

RESCATADORES

Quienes:

- parecen sentirse obligados a ayudar a otros que estén en apuros, ¡aun cuando ellos mismos puedan precisar la ayuda!
- sienten que son los mejores para ayudar.
- están siempre «persiguiendo su cola». Su diario está lleno y su teléfono suena constantemente.
- con frecuencia son miembros de comités, asociaciones o grupos comunitarios locales.
- dan a la beneficencia aunque ellos mismos sean bastante pobres.
- apoyan causas y a menudo hacen campaña al respecto.
- nunca tienen tiempo para masajes o viajes a un *spa*, aunque se les vea muy estresados.
- parecen ser aquellos a los que las personas suelen acudir siempre en busca de ayuda para sus problemas.
- son considerados indispensables en el trabajo, pero nunca son ascendidos.
- se enfadan cuando ven desastres en los informativos y lloran con películas tristes.

Son, por supuesto, buenas gentes que luchan por hacer las cosas bien. ¡No obstante, también pueden llegar a ser insoportables! Esto se debe a que siempre están estresados, no piden ayuda y les resulta difícil confiar en alguien que no sea ellos mismos. Como siempre están fijándose en las personas y las situaciones que quedan en el mundo que ellos no pueden rescatar, su culpa se amontona.

En el mundo occidental de hoy, y en otros muchos lugares, el trabajo de colaboración en equipo y las relaciones igualitarias son lo que la mayoría de las personas aspiran a tener. Esto significa que los fanáticos del control y los rescatadores se encuentran fuera de sintonía en sus relaciones, tanto en el trabajo como en casa. No están alineados con sus propias expectativas ni con las de los demás.

Conozco de primera mano todas esas dificultades. ¡Soy una fanática del control y (como ya habrás imaginado) una rescatadora! Por si fuera poco, ¡me casé con un hombre con las mismas características! Ambos tuvimos infancias en las que fuimos decepcionados por las personas en las que deberíamos haber podido confiar. Ambos nos vimos sobrecargados con responsabilidades asistenciales y éramos demasiado jóvenes para asumirlas.

Como jóvenes adultos, ambos dimos nuestros primeros pasos profesionales en la obra social. Como era de esperar, escogimos trabajar en zonas extremadamente desfavorecidas, así que nos sentíamos culpables todo el tiempo por no ser capaces de ayudar lo suficiente. En nuestra vida personal, nuestras primeras decisiones como matrimonio fueron malas. Ambos pasamos largos periodos de tiempo engañados y, por supuesto, sentíamos culpabilidad por dejar que esto ocurriera.

¡Qué gran pareja!, podrían comentar algunos con sarcasmo. ¡Pero así era y así es! Por supuesto, nuestra culpa y nuestras cuestiones de confianza necesitaban seria atención. Inicialmente, había muchas peleas animadas por la posición dominante, y muchos aburridos hábitos sobreprotectores. Con el tiempo esto fue suavizándose con la transigencia, y solo fueron quedando riñas menores y un buen montón de burlas. Y, treinta y tres años después, seguimos planeando vivir felices para siempre.

En mi vida profesional también he tenido muchos clientes con una culpa similar y cuestiones de confianza. De modo que he aprendido mucho sobre las distintas maneras de gestionarlas. Tal vez el conocimiento más importante obtenido es que la emoción subyacente a todas estas cuestiones de confianza es el temor, y puedes aprender a controlarlo definitivamente (ver página 115). Espero que algunos de los consejos que proporciono a continuación sean de ayuda para aquellos de ustedes que tengan asuntos similares a los de los fanáticos del control y a los rescatadores.

Consejos para ayudarte a levantar tu confianza

- Diagnostica dónde empezó originalmente tu problema. Háblalo con un buen amigo.
- Pide la «supervisión» de personas que puedan avisarte cuando estés entrando en modo controlador o de rescate, o parezca faltarte la confianza.
- Cuando reaparezca un problema de confianza, ten una ingeniosa charla contigo mismo. Dite algo como: *Sé que estás asustado, pero ya no eres un niño desatendido/no vives en una zona de guerra/no estás casado con una engañadora/no te has empobrecido, etc. Ahora puedes controlar el temor y recuperar la confianza.*
- Compra o toma prestado un libro sobre la gestión del temor. El libro de Susan Jeffer, *Aunque tenga miedo, hágalo igual* (Ed. Robinbook), es un clásico y sería un buen lugar por donde empezar, o podrías probar mi propio libro *La seguridad emocional: cómo conocer y manejar los propios sentimientos.*
- Conviértete en un planificador de eventualidades. Enfréntate de cabeza a tu peor escenario posible. Ten siempre un plan B y C en caso de que las cosas vayan mal. (Esta es mi estrategia favorita contra el temor).
- Únete a una clase de relajación o de yoga; practica un deporte u otra actividad que afloje tu tensión.
- Recuerda un tiempo en el que trabajaras demasiado. Recuerda cómo te hacía sentir. Plásmalo sobre papel para que se quede grabado en tu memoria.
- Reúnete y entabla amistad con personas diferentes a ti.
- Practica un deporte de equipo.
- Apúntate a una clase de danza que implique la dependencia. (Aprender a bailar el tango argentino fue un reto para mí y mi marido, ¡pero al final lo conseguimos!).
- Sal de vacaciones sin reserva. ¿Demasiado arriesgado? Puedes llevarte la lista más larga de hoteles y pensiones, pero no debes reservar en NINGUNO. Si no tienes otra opción, viaja tan solo a cincuenta kilómetros de tu casa.
- Cuenta hasta cinco antes de precipitarte al rescate.
- Cuenta hasta diez antes de criticar.

4. Empatía

Hace poco oí sobre una condición psicológica a la que acababan de poner nombre: «sobreactivación empática». De inmediato pensé: *Esa soy yo; ¡es lo que he padecido durante toda mi vida!*

Mi segundo pensamiento, y el más serio, fue: *...pero yo no sufro.* Sí, mis amigos, clientes y colegas tienen razón; tengo una sensibilidad inusualmente alta hacia las emociones de los demás y siento sus sentimientos, a menudo con gran profundidad. Pero les diré que no tienen razón cuando dan por sentado que esto debe ser difícil para mí. Jamás he considerado mi empatía como un problema. Por el contrario, siempre ha sido una gratificación. Me alegra que las conexiones de mi cerebro me hayan podido proporcionar una ventaja con esta cualidad. Por supuesto, ha demostrado ser algo muy favorable en el trabajo que da la casualidad que desempeño, pero eso no es todo. La empatía también ha enriquecido mi vida personal de una forma inconmensurable. De un modo más específico, en lo relativo a este libro sé que también me ha ayudado a tratar de forma más eficaz con mi culpa.

> **Solo puedes entender a las personas si las sientes en ti mismo.**
>
> JOHN STEINBECK, ESCRITOR ESTADOUNIDENSE

La diferencia entre empatía y compasión

Consideremos primero qué es la empatía. Se trata de la capacidad de **sentir** con las emociones de otra persona. Cuando estamos con alguien que está compartiendo un problema, nosotros percibimos indirectamente su emoción. Esto puede ocurrir de un modo consciente o inconsciente. Se nos **recuerda un tiempo en el que experimentamos algo igual o similar.** Por ejemplo:

- ⬎ Lo entiendo. Después de mi divorcio me sentí exactamente así. ¡Estaba tan asustada de acercarme de nuevo a alguien!
- ⬎ Sé que debes estar muy decepcionado. Es realmente duro. Recuerdo haberme sentido exactamente así cuando no conseguí la nota para la universidad.

De manera alternativa, si somos imaginativos y muy empáticos, podemos sentir con la otra persona, aunque nunca hayamos tenido ese sentimiento.

🔾 Que te atraquen así debe de ser terrible, sobre todo a plena luz del día. No me ha ocurrido nunca, pero sí me rompieron el cristal de la ventanilla de mi auto y me robaron en una calle muy transitada. ¡Fue terrible y me enojó tanto que nadie hiciera nada! Pero que te atracaran y te amenazaran con un chuchillo delante de todo el mundo, debió de ser mucho más aterrador... Y sabiendo que el ladrón se escapó... No me extraña que también te sientas furiosa.

🔾 Obviamente, nunca he perdido a un hijo, porque todavía no he tenido ninguno, pero me sentí desolada cuando se murieron mis padres, con tres meses de diferencia. Así que, de algún modo, entiendo por lo que estás pasando... ¡debes de estar tan triste!

Puedes experimentar, así mismo, empatía a través de las **artes creativas.** Por ejemplo, cuando le ocurre algo malo a un personaje que nos gusta en un libro o una película, podemos reaccionar empáticamente. También ocurre una experiencia similar cuando usamos terapias como el psicodrama. Es una terapia que, por lo general, uso cuando trabajo con grupos. Las técnicas capacitan al terapeuta y a los participantes para ponerse en la piel de otros que empiecen a sentirse y a actuar como ellos.

A menudo, las personas no entienden la diferencia entre empatía y compasión; por tanto, permíteme explicar brevemente qué es en mi opinión esta última. **Compasión es la reacción que tenemos cuando sentimos lástima por alguien que está en dificultades.** Por lo general, en ese momento ofrecemos consuelo, tranquilidad o ayuda:

🔾 Debe de ser muy duro perder un trabajo que has amado. Por favor, dime si hay algo que pueda hacer para ayudar. Tal vez pueda cuidarte a los niños algunas veces.

También podemos sentir compasión por grandes grupos de personas que sufren dificultades, como un desastre o la pobreza.

🔾 ¿Viste anoche a esos pobres huérfanos en los informativos? Creo que voy a escoger a Save the Children como institución benéfica para el maratón.

La relación de la empatía con la culpa

Sentir empatía y compasión es, por supuesto, una buena reacción al ver u oír de personas que se encuentran en dificultades. Sin embargo, con la empatía, la calidad de nuestro entendimiento suele ser más profunda. Como tal, nos hace más útiles en situaciones de culpa.

En primer lugar, nos proporciona una mejor comprensión de lo que la otra persona podría necesitar. Nos ayuda a presentar el tipo de disculpas que ellos aceptarán y, por tanto, nos capacita para hacer enmiendas de un modo más eficaz.

En segundo lugar, la empatía alimenta al «ofensor» con mayor motivación para ayudar. Si estás sintiendo el dolor de tu víctima, querrás suprimir esa carga con la mayor rapidez y eficacia posibles.

En tercer lugar, las personas prefieren recibir ayuda de aquellos que puedan empatizar y no limitarse a sentir compasión. Cuanto más motivadas estén ambas partes en el proceso de ayuda, más pronto sanarán las heridas entre ellos.

En cuarto lugar, la empatía también nos ayuda a evitar la culpabilidad. Debería hacernos pensar dos veces antes de hacer algo que pueda dañar a otros o incluso a nosotros mismos. Esto significa que cuando nos sentimos atraídos por ese delicioso pastel de chocolate en la vitrina de la pastelería, nos refrenaremos. Tenemos presente lo malo que es todo ese azúcar adicional y esa grasa para nuestra salud, la de nuestra familia y la de nuestro país. ¡Un movimiento adicional de nuestro dedo nos advierte que si cedemos a la tentación, acabaremos sintiendo todavía más culpa!

Si te acuerdas, en el capítulo 1 consideramos por qué evolucionó la culpa. Fue en un tiempo en el que la naturaleza «consideró» que necesitábamos cierto «pegamento social» que nos vinculara con mayor firmeza al grupo. Tanto la empatía como la culpa son ingredientes importantes de ese pegamento vinculante. Descubrimientos recientes en biología animal y neurociencia nos han demostrado que muchos animales tienen también este «pegamento». Si alguna vez has tenido un perro, habrás visto estos dos ingredientes en acción. En mi casa ha habido muchos que sentían mi tristeza. Se acurrucaban alrededor de mis piernas o me lamían el rostro para demostrarme que compartían mi estado de ánimo. A otros los recuerdo más por sus reacciones de culpa que por su empatía. Se encogían en forma de pelota o se escabullían en silencio fuera de la habitación.

He aprendido que algunos de mis perros, como nosotros los seres humanos, eran más empáticos de forma natural que otros. Nunca se me dio bien enseñar a los canes a tener más empatía, ¡pero he tenido más suerte con las personas! Así que si tu aura se ha ido disipando, aquí tienes algunos consejos que podrían ayudarte.

Consejos para reforzar tu empatía

- **Vuélvete más curioso con respecto a las personas,** sobre todo con respecto a aquellas en torno a quienes no gravitamos de forma natural. Habla con extraños en autobuses y trenes. Alivia el aburrimiento de las colas en los aeropuertos averiguando dónde va la gente y, quizás, donde preferirían ir. Siéntate y observa en silencio a las personas en los restaurantes e imagina su vida. (¡Se permite escuchar un poco, pero con disimulo!).
- **Mejora tu capacidad de escuchar.** Aprende cómo animar a los más callados que te parecen interesantes, a conversar y a terminar la conversación si se abren demasiado (ver capítulo 8).
- **Desafía tus prejuicios.** Intenta encontrar cosas comunes con personas que no crees que te gusten, ve directamente al dispensador de agua fría cuando estén allí; lee entrevistas y biografías reveladoras de personas que no comparten tus valores.
- **Lee más novelas y autobiografías.** Son una forma rápida y agradable de llegar a conocer y entender a personas de todas las edades y culturas.
- **Únete a grupos de debate sobre arte.** Yo pertenezco a cuatro tertulias literarias. A pesar de las presiones que esto me ocasiona con respecto al tiempo, no quiero abandonar ninguna de ellas. ¡Las personas, sus intereses, sus valores y sus estilos de vida preferidos son todos tan diferentes! Confieso que ahora también me gustan las personas que, en un principio, me parecieron imposibles de querer. Mis amigos dicen lo mismo acerca de sus grupos de debate sobre cine, música, teatro y arte.

> Uno debería examinarse a sí mismo durante largo tiempo antes de pensar en condenar a otros.
>
> MOLIÈRE, DRAMATURGO FRANCÉS

- **Ábrete con respecto a tus vulnerabilidades.** Comparte algunas de tus costumbres y pensamientos culpables. Otros se animarán a hacer lo mismo.
- **Usa la técnica de las dos sillas.** La usan los psicodramatistas y también los actores para ayudarse a entrar en la mente y los sentimientos del personaje al que tienen que interpretar. No es un ensayo para una conversación de la vida real.
  i. Coloca dos sillas una frente a la otra. Imagina que vas a tener una conversación con alguien a quien no entiendes muy bien. Primero siéntate en su silla. A continuación, hablando como si fueras esa persona, descríbete a ti mismo y tu vida.
  ii. Regresa a tu silla y, ya como tú mismo, hazle una pregunta a la «otra persona».
  iii. Cámbiate a la otra silla y responde como si fuera ella.
  iv. Sigue manteniendo la conversación, pasando de una silla a otra, hasta agotar el tema... ¡o agotarte tú!

Realizar este ejercicio puede hacerte sentir un poco extraño al principio, pero pronto entrarás en materia. Te aseguro que es una técnica muy poderosa. (Cuando éramos niños, todos fuimos una vez actores naturales. Solíamos actuar para entender cómo actúan los adultos, ¡incluso los malos!).

- **Lee blogs y foros de debate sobre temas de los que sabes poco.** Este material es gratuito y de fácil acceso para consultarlo, en momentos libres, en tu móvil o en tu tableta.
- **Estudia el lenguaje corporal.** Existe un montón de información gratuita en la Internet, pero también algunos libros muy buenos. Explóralos en una librería, ya que las ilustraciones son importantes. Pero no olvides que el lenguaje no verbal varía de un individuo a otro. Experimenta compartiendo tus impresiones y preguntando si has percibido correctamente lo que la otra persona estaba sintiendo; sigue hasta captarlo de la manera adecuada la mayoría de las veces. No te preocupes si te equivocas; con frecuencia aprendemos más cuando cometemos errores. Por ejemplo:

A) *Espero que no le importe que le pregunte. He observado que fruncía el ceño y movía muchos los dedos. ¿Está usted bien?*

B) *Sí, estoy bien. Solo intentaba recordar si tengo pescado en el frigorífico para la cena. Y suelo hacer ejercicios con los dedos cuando viajo. Tengo principio de artritis y quiero mantenerlos flexibles. Pero gracias por preguntar. ¿Adónde va usted?*

Aprender a ponerse en la piel de otro, ver a través de sus ojos, así es como empieza la paz. Depende de ti hacer que ocurra. La empatía es una cualidad de carácter que puede cambiar el mundo.

BARACK OBAMA, 44º PRESIDENTE DE ESTADOS UNIDOS

CAPÍTULO 4

Las cinco aptitudes clave para la vida

Aptitud 1: La inteligencia moral

Ninguna culpa se olvida mientras la conciencia siga sabiendo de ella.
STEPHAN ZWEIG, ESCRITOR AUSTRÍACO

¿Qué es la inteligencia moral?

El término inteligencia moral (IM) es bastante reciente, ¡de modo que no te sientas culpable si no lo has oído nunca antes! El interés mostrado en la identificación de la inteligencia emocional (IE) hacia finales del siglo XX empujó a los psicólogos, los investigadores académicos y los pedagogos a buscar otros tipos de «inteligencias». Hacia principios del siglo XXI, también se definió la inteligencia espiritual y se debatió mucho al respecto. A esta le seguiría la IM. Ha habido un aumento del interés al respecto en los años recientes, ya que se han desvelado unas prácticas cada vez más corruptas en el mundo de los negocios y en el de la política. Las repercusiones han sido devastadoras para la imagen y las finanzas de las organizaciones. Por consiguiente, ahora existe un gran interés en cómo poder identificar a personas de integridad que actúen conforme a unos principios y unas creencias morales, sin necesidad de estar constantemente monitorizadas.

Las ideas subyacentes tras esta «nueva» inteligencia tienen, en realidad, centenares de años. Mi propio interés en este tema data de la década de los setenta, cuando empecé a formarme y a trabajar en el campo de la salud mental. Pronto me di cuenta de que este tema era relevante en extremo para el mantenimiento de una buena salud mental y, en particular, de la autoestima y de la confianza. Espero que pronto veas lo útil que es también para nuestro trabajo sobre la culpa.

Los cinco ingredientes de la inteligencia moral

Las definiciones de la IM varían de manera considerable, pero después de leer sobre el tema y escuchar debates durante numerosos años, se me ha ocurrido hacer un resumen de cómo la entiendo yo.

La IM es una colección de las cinco cualidades personales que, vistas en acción, indican que la persona posee un alto nivel de integridad:

i. Tener la capacidad mental de distinguir entre lo correcto y lo incorrecto.

ii. Tener conocimiento y aceptación de los principios universales compartidos, por lo general, a través de las culturas, por ejemplo:
Integridad
Responsabilidad
Compasión
Tolerancia
Respeto
Justicia

iii. Tener la capacidad de aplicar estos principios universales a **los valores y las metas personales.**

iv. Ser capaces de tomar decisiones frente a **los dilemas morales y los deseos conflictivos.**

v. Tener **la motivación y la fuerza de voluntad para comportarse de acuerdo** con los principios universales y los valores personales.

Este bosquejo de los ingredientes de la IM es, claro está, un ideal. Siendo, como somos, seres humanos imperfectos, nuestra meta debería ser, como siempre, alcanzar un nivel suficientemente alto. Qué porcentaje del ideal es sobradamente bueno variará de un individuo a otro. Como estás leyendo este libro, doy por sentado que te importan mucho los valores, y que te preocupas por la culpa, porque quieres ser una buena persona y te gustaría que quienes te rodean también lo sean.

No obstante, también supongo que si la culpa es un problema para ti, tal vez no estés logrando siempre aquello que tú consideras un nivel bastante bueno de integridad. Aquí tendríamos todo tipo de razones de por qué es así. Quizás una sobrecarga de estrés te tiente para que optes por atajos como gritarles a las personas en lugar de alentarlas con firmeza y conseguir que hagan aquello que tú quieres. O podría ser que tengas en la cabeza algunos valores contradictorios, lo que significa que nunca sentirás haber hecho lo correcto.

Las personas que tienen una IM alta y constante, rara vez quedan atascadas en la trampa de la culpa. Esto se debe a que tienen claro su sistema de valores y lo priorizan. Adquieren rápidamente consciencia de haber actuado mal. Entonces sienten la culpa, pero tan solo de un modo breve. Es un sentimiento que no permanece, porque ellos saben cómo ocuparse de ella de una forma constructiva.

Aquellos de nosotros cuya IM es más inestable han tenido que tratar, por lo general, con lo que yo llamo «obstáculos» en la senda de aprendizaje de su vida. A continuación encontrarás algunos que tal vez reconozcas.

«Obstáculos» comunes en la senda del desarrollo de la IM

1. *¿Qué puede detenernos para que no logremos la capacidad mental de **distinguir el bien del mal?***
- Ser demasiado joven: las capacidades cognitivas de nuestro cerebro se desarrollan poco a poco y a un ritmo diferente en cada niño.
- Tener un daño o deficiencia cerebral: esto puede presentarse en el momento del nacimiento u ocurrir en cualquier momento de nuestra vida. Solo estamos en los comienzos de poder descubrir y diagnosticar muchos de estos problemas.
- Padecer una enfermedad mental: cuando está activa, puede afectar, en ocasiones, nuestros poderes de razonamiento (p. ej., la depresión, DOC, TEPT, bipolaridad, esquizofrenia o demencia).
- Sentirse estresado: cuando nuestro cerebro está sobrecargado y

demasiado cansado, es posible que no razonemos con tanta eficacia. Las respuestas por defecto, neurológicamente «establecidas» en nuestro cerebro, pueden tomar los mandos de nuestro razonamiento. Muchas de estas se desarrollaron en nuestra infancia, pero ahora sabemos que las respuestas que se repiten con frecuencia y las experiencias traumáticas de la adultez también pueden afectar el tipo de respuestas emocionales que experimentamos.

2. *¿Qué puede impedir que nos desviemos de los **principios universales?***
- No saber qué son: hoy día, muchos niños crecen sin recibir un conocimiento y unas directrices morales suficientes. Durante muchos siglos, la religión fue el principal canal a través del cual se enseñaron y se impusieron estos principios universales. Los padres reforzarían más este aprendizaje mediante la disciplina y el buen ejemplo del papel de cada uno en el hogar. En la actualidad, gran parte de nuestro mundo se ha secularizado y la responsabilidad para esta función de la «enseñanza» no queda definida con tanta claridad.
- Cuando uno o más de estos principios chocan con nuestras necesidades, por ejemplo, alguien que está hambriento o que tiene un niño enfermo podría poner su necesidad de ayuda por encima del principio de la compasión hacia alguien más necesitado incluso que él.
- Un choque cultural: aunque estos principios son en teoría universales, cada país y hasta cada cultura dentro del mismo puede diferir respecto a la medida en que quieren vivir según estos principios. Por ejemplo, cuando una persona mayor entra en un tren abarrotado, en algunos países alguien más joven le ofrecerá de inmediato su asiento. En otros, donde el respeto por los ancianos no es un principio aceptado, no lo harán.
- El prejuicio, la creencia adquirida de que algunos seres humanos tienen menos valor que otros puede invalidar casi todos los principios universales de un solo golpe.

3. *¿Qué puede impedir que mantengamos nuestros **valores y metas** alineados con los principios universales?*
- Adoptar una actitud exagerada de *laissez-faire* en nuestra vida: la mayoría de mis nuevos clientes luchan por dar nombre a los valores

y las metas que puedan usar o que les gustaría utilizar para guiar sus decisiones y planes. Han ido a la deriva a lo largo de la vida, topándose con oportunidades y personas que tiran de ellos y los empujan en toda suerte de direcciones.

- Preocuparse más de nuestras metas o de nuestros valores personales que de los principios universales.
- Rasgos de personalidad como la arrogancia, la pasividad y el valor.

4. *¿Qué puede impedirnos manejar bien* **los dilemas morales y los deseos conflictivos?**

- ¡Ser malcriado de niño, o incluso de adulto! Que se nos dé casi cualquier cosa que queramos.
- No adquirir nunca la práctica de tratar con los dilemas, porque otros, como los padres, los jefes y políticos paternalistas, toman todas las decisiones.
- Preferir la paz de «abandonar» en lugar de pasar por la tortura de tener que decidir.

5. *¿Qué puede impedirnos tener* **la motivación y la fuerza de voluntad** *de mantenernos en línea con los principios universales?*

- No tener aptitudes de asertividad suficientes para ser capaces de defender lo que está bien.
- Creer que nuestra opinión no es tan valiosa como la de aquellos que no están respetando los principios.
- El temor de ser acosado o ridiculizado, porque somos demasiado «santurrones».
- Estar demasiado cansados y/o abatidos para que nos importe.

Conforme leas lo anterior, es posible que vengan a tu mente otros ejemplos e ideas sobre el tema. Mis ejemplos respecto a la posible debilidad de los fundamentos de la IM de alguien no son, desde luego, exhaustivos. El ejercicio siguiente te ayudará a aclarar qué puede haberte estorbado en el desarrollo de tu propia IM y qué podrías hacer para corregir esa influencia.

EJERCICIO: CÓMO TRATAR CON MIS PROPIOS «OBSTÁCULOS» PERSONALES PARA LOGRAR UNA INTELIGENCIA MORAL LO SUFICIENTEMENTE BUENA.

1. Vuelve a leer la sección anterior y anota los «obstáculos» que armonizan con tus experiencias.

2. Junto a cada uno de ellos, apunta alguna acción que podrías emprender si detectas que esto vuelve a ocurrir. Por ejemplo, en respuesta al obstáculo número 1: *Hacer ejercicios de relajación con regularidad;* o para el número 5: *Mantener mi autoestima estimulada y aprender a ser asertivo.*

Aunque normalmente tengas una IM muy buena, hay veces en que todos nosotros atravesamos momentos escabrosos. Después de todo, en nuestra vida cotidiana contemporánea nuestra moralidad se ve constantemente empujada y tironeada en distintas direcciones, muchas de las cuales ya hemos considerado en el capítulo 2, como:

> Filosofías políticas y religiosas conflictivas.

> Ideas contradictorias sobre lo que constituye ser un «buen» padre, maestro, banquero, trabajador en una organización benéfica, etc.

> Ideas conflictivas sobre cómo gastar nuestro dinero, vestirnos, tirar la basura o conducir un auto para convertirte en un ciudadano «decente».

Además, como individuos, en un momento u otro todos encontramos dificultades cuando una decisión nos confronta con nuestros propios valores conflictivos. Por ejemplo:

En el trabajo:

> ¿Debería: convertirme en médico o banquero/iniciar mi propio negocio o seguir en este aburrido trabajo seguro/despedir a cuatro de los nuevos

reclutados por debajo de los treinta años o a tres directores experimenta-
dos que tienen familia/trabajar o quedarme en casa mientras los niños son
pequeños?

Respecto a las finanzas:

🔾 ¿Debería: comprar una casa que solo podemos permitirnos si ambos cam-
blamos de trabajo/enviar a los niños a escuelas privadas ahora que pode-
mos/comprar un nuevo sofá cuando el antiguo todavía está bien y mucha
gente ni siquiera tiene una casa/comprarle un iPad a crédito solo porque la
mayoría de sus compañeros de clase tiene uno?

En las relaciones:

🔾 ¿Debería: decirle que he tenido una relación extramatrimonial aunque ya se
ha acabado/pedir el divorcio o aguantar por los niños durante los próximos
quince años/dedicarle más tiempo a mamá aunque John se enfade porque
nunca tenemos tiempo para estar juntos/decirle a papá que va a ir a una
residencia aunque crea que la va a odiar/pasar más tiempo con amigos di-
vertidos y dejar de lado a los que están tan necesitados/decirle que conozco
su pasado o dejar que disfrute de la relación mientras dure?

La corriente, aparentemente constante, de esta clase de dilemas
hace que muchos se resignen a la culpa de por vida. No puedo prome-
ter que los siguientes ejercicios te liberarán por completo de tu culpa,
pero sí que minimizarán considerablemente la carga. Desde luego, en
mi caso sí lo han hecho.

Como sabemos, la culpa es un juicio de valores. Es necesario que
seamos capaces de evaluar con la mayor rapidez posible si es en verdad
nuestro juicio de valores o si se origina en algún otro lugar. Conocer y
priorizar nuestros propios valores personales es, por tanto, crucial. He
designado el siguiente ejercicio como paso base que te capacite para lo-
grarlo. No podrás hacerlo con rapidez, pero de todos modos merece la
pena hacerlo bien, ya que es fundamental para gestionar tu culpa.

EJERCICIO: ACLARA TUS VALORES PERSONALES

Aquí tienes una larga lista de valores, cualidades y rasgos. Obviamente, algunos saltarán de la página por la importancia que tienen para ti. Otros harán que te preguntes por qué han sido incluidos. ¡Todos somos tan maravillosamente diferentes!

Abnegación	Creatividad	Estabilidad
Alegría	Crecimiento	Estructura
Altruismo	Cualidad	Excelencia
Ambición	Curiosidad	Éxito
Amor	Decisión	Expresividad
Amor a la aventura	Democracia	Familia
Apoyo	Dependencia	Fe
Astucia	Determinación	Felicidad
Autocontrol	Diligencia	Fiabilidad
Ayudar a los demás	Disciplina	Fidelidad
Bondad	Discreción	Firmeza
Búsqueda de la	Disfrute	Formalidad
verdad	Diversidad	Franqueza
Calidad	Diversión	Fuerza
Calma	Economía	Generosidad
Claridad de mente	Efectividad	Gozo
Compasión	Eficacia	Honra
Competitividad	Eficiencia	Humildad
Compromiso	Elegancia	Igualdad
Comunidad	Empatía	Independencia
Congruencia	Enfoque	Ingenuidad
Consideración	Entendimiento	Inteligencia
Contentamiento	Entusiasmo	Intuición
Control	Equilibrio	Inventiva
Cooperación	Esmero	Justicia
Corrección	Espíritu aventurero	Lealtad
Cortesía	Espontaneidad	Legado

Libertad	Paz	Prudencia	Sinceridad
Liderazgo	Paz interior	Realización	Tolerancia
Logro	Perfección	Reto	Trabajo de
Marcar la	Pericia	Salud	equipo
diferencia	Perspicacia	Seguridad	Tradición
Mérito	Pertenecer	Sensibilidad	Unicidad
Obediencia	Positividad	Ser el mejor	Utilidad
Orden	Practicidad	Serenidad	Valentía
Originalidad	Preparación	Servicio	Velocidad
Patriotismo	Profesionalidad	Simplicidad	Vitalidad

Acción:

- Anota (o marca) seis valores relacionados con cada una de estas diez preguntas:
1. ¿Cuál te haría sentir mejor contigo mismo?
2. ¿Cuál te enorgullecería más recibir como elogio en el trabajo?
3. ¿Cuál te gustaría que un compañero de tu vida personal valorara más?
4. ¿Cuál te gustaría más oír en secreto, como elogio, en boca de tus vecinos?
5. ¿Cuál te gustaría más ver escrito por uno de tus hijos adultos, en una tarjeta de agradecimiento?
6. ¿Cuál de ellos habría enorgullecido más a tu madre al escucharlo sobre ti?
7. ¿De cuál de ellos habría estado más orgulloso tu padre de haberlo oído como elogio hacia ti?
8. ¿Cuál preferirías que uno de tus mejores amigos confesara apreciar más en ti?
9. ¿Cuál te gustaría que un tipo distinto de amigo reconociera apreciar sobre ti?
10. ¿Cuál te gustaría oír, si recibieras una medalla de tu país por el servicio de toda una vida?

- Repasa tus respuestas y marca los valores que veas en otra respuesta (algunos pueden llevar más de una marca).

- Haz una lista de los valores señalados, situando los más marcados al principio.
- Haz una **lista** final **jerárquica de diez de estos valores,** situando el más importante arriba y el menos en último lugar.
- En las próximas dos semanas lleva contigo esta lista. Léela y reflexiona sobre ella con regularidad. Observa cuál de estos valores respetas en tu vida cotidiana, y aquellos con los que te está resultando difícil vivir. De ser posible, habla con amigos sobre tu lista y apunta sus comentarios.
- Al final de las dos semanas (¡deberías apuntar la fecha en tu diario!), revisa tu lista y modifica el orden de los valores si lo ves necesario. También puedes sustituir algunos de los valores con otros de mi lista o con otros tuyos que prefieras incluir. Puedes actualizar esta lista tantas veces como desees durante tu vida. Tus valores cambian con frecuencia a medida que se desarrolla tu vida.
- Consulta esta lista cuando te sientas culpable y observa cuántos de tus valores no has estado respetando. Toma la resolución de hacer algo de inmediato para reparar esta situación. Recuerda recompensarte con un regalo cuando lo hayas hecho.
- Consulta, asimismo, la lista cuando te sientas atascado en un dilema moral. Te ayudará a ser más decisivo. Todos los dilemas morales merecen un tiempo dedicado para poder reflexionar sobre ellos, pero establece un tiempo límite para hacer esto, de otro modo cuando vinieras a tomar una decisión sería demasiado tarde; ¡imagínate lo culpable que podrías sentirte!

Normas para la vida personal

El siguiente ejercicio te ayudará a aplicar el trabajo que hayas estado haciendo (eso espero) en la vida cotidiana. Lo creé hace muchos años, después de que un periodista me formulara esta pregunta: ¿Cuáles son tus tres normas más importantes para llevar una vida feliz? Le respondí de manera espontánea, ya que los periodistas rara vez te dan tiempo para pensar.

1. Sé fiel a ti mismo y a tus valores.

2. Ve la parte positiva del cambio, por desagradable que pueda parecer.

3. Dedica más tiempo del que te parezca poder permitirte en las relaciones que más te importen.

En el transcurso de los meses siguientes, descubrí que me refería con frecuencia a estas normas y que las encontraba bastante desafiantes. Comprendí que cada regla reflejaba una cuestión en la que yo había luchado verdaderamente.

- En primer lugar, yo era una persona complaciente, de modo que vivía ampliamente según los valores de los demás. Ni siquiera sabía cuáles eran los míos.

- En segundo lugar, era una pensadora negativa, principalmente porque hasta ese momento la vida me había demostrado que los cambios son una mala noticia.

- Por último, era bastante cínica en cuanto a las relaciones y no dejaba que nadie se acercara a mí. Las relaciones estrechas me habían producido, en su mayoría, más dolor que gozo.

En la actualidad, rara vez tengo problema viviendo según mi primera norma de vida. Sin embargo, las otras dos pueden resultar todavía un tanto difíciles de respetar. Por ejemplo, en dos ocasiones, cuando mi esposo fue despedido, mi autorrespuesta fue sentirme temerosa y deprimida. Esto sucedió a pesar de nuestros muchos años de experiencia profesional en este campo. Una y otra vez había sido testigo de lo redundantes que pueden llegar a ser las noticias excelentes. Mi creencia negativa estaba tan integrada en mi mente cuando era niña, que aparecía de inmediato en cuanto estaba estresada. No obstante, mi norma número dos entra en vigor y me ayuda a volver a mi yo adulto.

Con respecto a mi norma número tres, como mi diario rara vez muestra un día en blanco, casi siempre me siento demasiado ocupada para encajar en una oportunidad inesperada de ponerme al día con mis amigos que puedan pasar por Londres. Como estoy a punto de decir: ¡Qué pena!, mi regla número tres me da un codazo. Ha sido una herramienta inestimable que me ha ayudado a volver a priorizar el tiempo para esas oportunidades.

Para muchos de mis clientes, el siguiente ejercicio ha resultado útil. Espero que también lo sea para ti. Ciertamente, debería ayudar a disminuir tu culpa.

EJERCICIO: LAS TRES NORMAS PERSONALES DE MI VIDA

- Piensa en tres viejos hábitos que te impiden mantenerte en línea con los valores por los que te quieres regir hoy. Probablemente, estarán entre los valores que señalaste en la lista del último ejercicio.
- Crea tres normas de vida para ti que te ayudarán a controlar estos hábitos. Escríbelas y colócalas en un lugar destacado donde las veas con regularidad. Léelas de vez en cuando en voz alta para grabarlas en tu cerebro.
- Muéstralas a amigos que puedan recordártelas cuando vean que vuelves a caer en los viejos hábitos.
- Cambia tus normas cuando estén de más y crea otras nuevas si todavía no estás viviendo lo suficientemente bien bajo tus propios valores. (¡La culpa activará la alarma!).

Con integridad, no tienes nada que temer ya que no tienes nada que ocultar. Con integridad, harás lo correcto, de modo que no tendrás culpa alguna.

ZIG ZIGLAR, HOMBRE DE NEGOCIO DE GRAN ÉXITO
Y COACH MOTIVACIONAL

Aptitud 2: Pensamiento racional

Lo que de verdad nos asusta y nos desalienta no son los acontecimientos externos en sí mismos, sino la forma en que pensamos sobre ellos. No son las cosas las que nos perturban, sino la interpretación que hacemos de su relevancia.

EPICTETO, FILÓSOFO GRIEGO

¿No es asombroso que un filósofo griego, que vivió hace casi dos milenios, concienciara a las personas acerca de cuánto trastorno emocional podía causar su pensamiento, a la par de un resultado negativo? Tristemente, somos demasiados los que no nos hemos deshecho aún de los malos hábitos del pensamiento y seguimos necesitando ayuda.

La capacidad de pensar de manera racional es, como ya he mencionado, crucial para sentir culpa y para manejarla bien. En primer lugar, necesitamos ser capaces de distinguir entre la culpa justificada y la que no lo es. En segundo lugar, si de verdad somos culpables, es necesario evaluar de un modo racional cuál es la mejor manera de efectuar enmiendas eficaces. En tercer lugar, si las respuestas de nuestra culpa han sido imperfectas, debemos examinarlas y aprender de ellas.

> **Las creencias racionales nos acercan más a lograr buenos resultados en el mundo real.**
>
> ALBERT ELLIS, FUNDADOR DE LA TERAPIA RACIONAL EMOTIVA CONDUCTUAL

Una forma particular de terapia denominada Terapia Cognitivo-Conductual (TCC) se ha vuelto muy popular recientemente. Su objetivo consiste en ayudar a personas que han desarrollado problemas de salud mental debido a un pensamiento negativo, basado en creencias irracionales. Muchas de las ideas desarrolladas son a partir de la obra de un psicólogo llamado Albert Ellis, quien desde la década de los sesenta a la de los noventa desarrolló lo que se conoce como Terapia Racional Emotiva Conductual (TREC). Mis ejemplos y sugerencias en esta sección se han basado, en parte, en ideas que he adaptado tanto de la TCC como de la TREC, así como en las estrategias que he desarrollado en mi propia práctica.

He seleccionado las tres estrategias siguientes, porque funcionan bien con la culpa. Prueba cada una de ellas y usa aquellas que mejor funcionen para ti. Te ruego, asimismo, que hagas los ejercicios para que puedas ver cómo podrían usarse en situaciones en las que te sientas culpable. Esto hará que la estrategia sea más coherente y memorable.

Replantear

Las aptitudes del pensamiento racional nos ayudan a ser más conscientes de los vínculos entre nuestros sentimientos, pensamientos y conducta, y las consecuencias. Cuando empezamos a pensar de un modo negativo, es necesario que hagamos primero el análisis del problema considerando esos lazos. Nuestro siguiente paso es «replantear» nuestros pensamientos para alinearlos con el pensamiento racional positivo. Mis ejemplos mostrarán cómo puede esto afectar (y por lo general lo hace) a nuestra conducta y sus consecuencias.

Situación 1: Grace acaba de caer en la cuenta de que ha cedido de nuevo ante su hijo cuando no quería hacerlo.

> **Sentimientos:** Culpa y desesperanza.

> **Pensamientos:** Soy una madre inútil; mis hijos van a crecer malcriados y arrogantes.

> **Conducta:** Pídele a tu marido que trate con estas situaciones.

> **Consecuencias:** Sus hijos y su marido pierden un poco de su respeto hacia ella. La autoestima de Grace cae en picado.

El replanteamiento:

Sentimientos: Culpa y desesperanza.

> **Pensamientos:** Amo a mis hijos, pero necesito desestresarme y aprender a ser más enérgica.

> **Conducta:** Compra un libro sobre autoafirmación. Le pide a su marido que la ayude a practicar las aptitudes que necesita.

> **Consecuencias:** Grace aprende a decir no a sus hijos cuando ella elige hacerlo. Su confianza en sí misma se ve aumentada y no se siente culpable.

Situación 2: Sean acaba de cometer un error de cálculo al adelantar a un auto.

> **Sentimientos:** Culpa y conmoción.

> > **Pensamientos:** Podría haberme matado yo mismo y a otros. ¡Qué irreflexivo y estúpido! ¿Y si Anne hubiera estado conmigo? ¡Soy un idiota!

> > > **Conducta:** Avanza lentamente por el carril lento durante el resto del viaje.

> > > > **Consecuencias:** Sean llega tarde al trabajo y se siente aún más culpable, y sufre una concentración escasa durante todo el día.

El replanteamiento:

> **Sentimientos:** Culpa y conmoción.

> > **Pensamientos:** Por poco me estrello. Fue una terrible equivocación. Imagino que estaba demasiado estresado pensando que llegaría tarde al trabajo. Necesito tranquilizarme.

> > > **Conducta:** Sean se detuvo tan pronto como pudo. Respiró hondo, se estiró y bebió un vaso de agua. Envió un mensaje de texto a su jefe anunciándole que llegaría unos minutos tarde ya que había tenido un percance en la autopista.

> > > > **Consecuencias:** Sean hizo más que estirarse un poco y respirar hondo antes de ir a trabajar. Le «confesó» a su jefe lo que había hecho. Afirmó que se tomaría menos tiempo para almorzar para compensar el tiempo perdido, y que había decidido salir quince minutos más temprano para ir a su trabajo de lo que lo hacía hasta entonces. Está satisfecho de haber aprendido una importante lección y no siente culpa residual.

**EJERCICIO: REPLANTEAR MI PENSAMIENTO
CUANDO ME SIENTO CULPABLE**

- Recuerda un error. Anota los sentimientos, pensamientos, conducta y consecuencias negativos que se produjeron (o pudieron haberse producido). Replantea cada uno de estos del modo en que yo lo he hecho con los ejemplos anteriores.
- Piensa en un defecto de personalidad que tengas (p. ej. llegar tarde, comer comida chatarra, no soportar a los necios de buen grado). Anota tus reacciones negativas (o las posibles reacciones negativas) a este rasgo y las consecuencias. Replantéate cada una de estas cosas como se hace arriba.

Lista de control de las creencias de fondo

Albert Ellis, el psicólogo que mencioné anteriormente, identificó doce creencias irracionales comunes que suelen mantener quienes piensan de manera negativa. He descubierto que muchas de ellas acechan, por lo general, en la mente de las personas que están perturbadas por la culpa. El ejercicio siguiente te ayudará a identificar aquellas que podrían estorbarte para que tú te enfrentes de forma racional con tu culpa.

EJERCICIO: LISTA DE CONTROL DE LAS CREENCIAS DE FONDO

Las 12 creencias irracionales comunes de Albert Elllis

- [ ] 1. Que los adultos sean amados por otras personas relevantes por casi todo lo que hacen es una funesta necesidad.
- [ ] 2. Ciertos actos son terribles o perversos, y la persona que lleva a cabo tales actos debería ser gravemente condenada.
- [ ] 3. Es horrible cuando las cosas no son como nos gustaría que fueran.
- [ ] 4. La miseria humana está invariablemente causada desde afuera, y tanto la persona como los sucesos externos son quienes nos la imponen.

☐ 5. Si algo es, o puede ser, peligroso o temible, deberíamos sentirnos terriblemente disgustados y obsesionados hasta la saciedad.

☐ 6. Es más fácil evitar las dificultades y las autorresponsabilidades de la vida que afrontarlas.

☐ 7. Necesitamos, absolutamente, algo diferente, más fuerte o más grande que nosotros mismos, en quien confiar.

☐ 8. Deberíamos ser concienzudamente competentes, inteligentes y aplicados en todos los sentidos.

☐ 9. Porque una cosa afectara firmemente nuestra vida una vez, debería hacerlo de forma indefinida.

☐ 10. Debemos tener un control seguro y perfecto sobre las cosas.

☐ 11. La felicidad humana puede lograrse por inercia e inactividad.

☐ 12. Prácticamente no tenemos control alguno sobre nuestras emociones y no podemos evitar sentirnos perturbados por las cosas.

● ● ●

• Marca las creencias que te parezcan estar alojadas en tu mente. Añade, con tus propias palabras, alguna propia que te venga a la mente.

• Reescribe las creencias irracionales que son relevantes para tu reacción en una situación. Vuelve a escribirlas para que formen una declaración racional personal. Por ejemplo, Núm. 10: *Nunca puedo estar del todo seguro de tener el control completo, pero puedo esforzarme para asegurarme de que las cosas resultarán bien.*

• Usa esta relación como lista de control cuando te sientas atascado en la trampa de la culpa. Transforma aquellas que sean relevantes para tu situación en declaraciones racionales.

La estrategia GEE

Esta es una simple estrategia que ideé y que he usado con éxito durante muchísimos años para ayudar con la culpa. Resulta fácil de recordar y puede hacerse con mucha rapidez. Se centra en los tres hábitos más comunes de pensar mal que los pensadores negativos tienden a tener.

1. Generalizar a partir del error o el fracaso particular.
2. Exagerar el impacto.
3. Excluir cualquier opción positiva para la acción.

Es una estrategia ideal que puedes utilizar tan pronto como se haya desencadenado tu culpa. Puedes enseñársela también a tus seres más cercanos y queridos. Pídeles que digan ¡GEE!, en cuanto oigan que te deslizas en uno o más de estos hábitos. Incluso pueden hacerlo con tranquilidad cuando estés fuera con otros, ya que nadie sabrá lo que significa.

Aquí tienes algunos ejemplos de cómo se usan con diferentes tipos de culpa.

GENERALIZAR:

La culpa del superviviente es incurable. He conocido a tres personas que sobrevivieron al holocausto, y que cometieron suicidio por ello. Y también destruyó la vida de muchos supervivientes de tsunamis. No puedes eliminar las experiencias de tu mente como si nada.

> *Es difícil tratar con la culpa del superviviente. Pero son más las personas que han sido capaces de seguir adelante con sus vidas, con positividad, que las que no lo han logrado. No debo olvidar a los que se perdieron. Puedo encontrar rituales edificantes y consoladores que me ayuden a conmemorarlos con regularidad. Puedo elegir si dejarme derrotar por esta culpa o no.*

EXAGERAR:

¡Por supuesto que me siento mal por lo que hice! Pero ella nunca me escucha, de manera que no tiene sentido en absoluto disculparse o intentar corregir. Tengo que apartarme. De otro modo, acabaremos matándonos.

> *Es tu madre. Te ha estado escuchando toda su vida. Has caído muchas veces y has descubierto una forma de consentir en diferir. Ustedes se aman, así que existe un propósito en intentar hablarle otra vez. Un día te verás en la situación de vivir de forma independiente y te resultará más fácil.*

EXCLUIR:

La <u>única</u> forma de deshacerme de la culpa que siento por lo bien que me pagan es venderlo todo, dárselo a los pobres y vivir como Gandhi.

> *La verdad es que existen muchas otras opciones disponibles. Podrías tomarte un trabajo sabático con una institución benéfica. O podrías usar parte de tu riqueza y tus aptitudes para crear o respaldar iniciativas no lucrativas, o ser más políticamente activa. Cualquiera de estas y otras opciones podrían ayudar a millones de personas para mejorar sus condiciones de vidas.*

EJERCICIO: LA ESTRATEGIA GEE

- Piensa en un error que hayas cometido o un fallo que desencadenara una culpa justificada en ti. Apunta qué pensamientos negativos tuviste en respuesta. Usa la estrategia GEE para evaluar la racionalidad de tu pensamiento.
- Piensa en una preocupación de culpabilidad que sientas con bastante regularidad, p. ej.: *Soy un mal padre porque trabajo demasiado; soy injusto con mi persona porque soy un incorregible perfeccionista; soy mi peor enemigo. Por esto se rompen todas mis relaciones.*
- Anota algunas de las conversaciones acusatorias que tengas contigo mismo y que puedas usar cuando tengas este tipo de pensamientos de culpa. Usa la estrategia GEE de nuevo para comprobar la racionalidad de tu pensamiento.

Finalmente, aquí tienes otra solución fácil y sencilla derivada del entrenamiento de la Terapia Cognitivo-Conductual. Es, asimismo, fácil de recordar y usar, pero te exige que aclares primero tus propios valores verdaderos y conocer tus propios hábitos de pensar mal. Los ejercicios sobre valores en mi sección sobre inteligencia moral (ver páginas 88-90) deberían haberte ayudado ya en relación con esto.

La solución rápida de las tres C

CAPTÚRALO

Una vez que tú (o un amigo cercano) hayas detectado uno de los pensamientos negativos regulares, imagínate capturándolo en el aire conforme entre en tu cabeza.

Ejemplo: *Mamá tenía razón. Debería haber aguantado por amor a mi hijo y no haberme divorciado.*

COMPRUÉBALO

Pregúntate a ti mismo:

- ¿Es racional? *No necesariamente; solo en parte.*
- ¿Hay alguna prueba de ello? *Los resultados de la investigación están a veces reñidos.*
- ¿Es esto lo que le diría yo a un buen amigo? *No, desde luego que no.*
- ¿Necesito buscar la opinión de otros? *No, pensé en ello con mucho cuidado, antes de tomar la decisión. Escogí el que me pareció el menor de dos males para todos nosotros.*

CÁMBIALO

Sustituye el pensamiento negativo por uno nuevo positivo:

> *Tomé la que me pareció la mejor decisión y estoy haciendo todo lo posible por minimizar el impacto doloroso sobre Tom.*

> **Los mejores años de tu vida son aquellos en los que decides que tus problemas son tuyos. No culpas por ellos a tu madre ni a la ecología, ni al presidente. Te das cuenta que controlas tu propio destino.**
> ALBERT ELLIS, FUNDADOR DE LA TERAPIA DE LA CONDUCTA EMOTIVA RACIONAL

Si tu pensamiento negativo persiste, entonces sería buena idea visitar a un doctor. Podría ser que te hubieras deprimido y necesitaras alguna ayuda adicional. Tu doctor podría aconsejarte alguna medicación o derivarte a un consejero o terapeuta. Si tienes que esperar un poco, sigue probando estos ejercicios y haciendo muchas actividades divertidas.

Aptitud 3: Comunicación confiada

Racional o no, la culpa tiende a obligarnos a adoptar un estilo de comunicación más pasivo o agresivo del que usaríamos en otras circunstancias. Esto es así incluso para personas que, por lo general, son confiadas y se comunican bien. Rara vez somos deliberadamente conscientes de este efecto. De modo que, si la culpa nos acecha, merece la pena tomarnos un poco de tiempo para prepararnos antes de hablar, enviar un mensaje, teclear o escribir.

En primer lugar, debemos recordar que existen dos tipos de confianza: la interna y la externa. Ambas son necesarias para lograr una comunicación segura. En nuestro interior, la autoestima debe ser alta; debemos poseer suficiente conocimiento de nosotros mismos para conocer nuestros puntos fuertes y débiles en nuestra comunicación; tenemos que estar seguros de lo que podemos lograr, y sentirnos lo bastante positivos como para creer que nuestra comunicación puede ser eficaz.

Para parecer externamente seguros, debemos tener las aptitudes para comunicarnos con eficacia, una presencia física que atraiga la atención (pero sin gritar), aptitudes de firmeza para protegernos y defender nuestras creencias y necesidades, y tener el control emocional que asegure que nuestros sentimientos no saboteen nuestros esfuerzos por comunicar nuestro mensaje.

Alcanzar este nivel de superconfianza es, por supuesto, un reto para cualquiera. Pero cuando te estás sintiendo culpable, puede parecer imposible. Por el momento, aspiremos una vez más a un nivel «aceptable». Para que esto te resulte más fácil, aquí tienes algunas estrategias para empezar.

Las tres P para una comunicación segura cuando te estás sintiendo culpable

1. **Prórroga.** Aunque te estés sintiendo culpable, intenta no aprovechar una oportunidad para confesar, disculparte o discutir la situación antes de haber tenido tiempo de pensarlo todo de manera adecuada y de prepararte. Si alguien intenta empezar a discutir cara a cara, al teléfono, mediante un mensaje de texto o

un correo electrónico, responde con positividad: *Sí, ciertamente me gustaría hablar con usted sobre ello, pero.../Me alegra que hayas telefoneado, pero...* Si necesitas usar una mentira piadosa para justificar la prórroga, usa la costumbre de los comunicadores estelares clásicos y seguros, como: *Estoy a punto de entrar a una reunión ahora mismo* (el latiguillo favorito del hombre de negocios)/*Me pillas en un día de locura; estoy muy ocupado/No tengo la información delante de mí ahora mismo* (¡la frase preferida del político!). A continuación, sugiere distintos momentos posibles en que podrías hablar con ellos. Ten especial cuidado en darte suficiente tiempo para prepararte (evitar lo que la culpa te impulsaría a decir, como: ¿Cuándo te vendría bien a ti?).

2. **Preparación:** Cuando nos estamos sintiendo culpables, rara vez nos expresamos como deberíamos. Deberías prepararte pensando bien lo que quieres decir. Escribir ayuda a comprometer rápidamente el centro cognitivo de tu cerebro, y por ello te recomiendo siempre que tengas una pequeña libreta o una tableta a mano. Puedes usarlas para componer un rápido guion con el que explicar lo que sucedió o presentar una buena disculpa. Si la situación es muy importante o tu culpa parece compleja, te recomendaría firmemente que intentes usar una de las estrategias que aparecen en este libro para guiarte. Para analizar la situación y aclarar tu parte de responsabilidad, usa mi nueva estrategia del Kit de reparación DGECG, del capítulo 5. Si quieres disculparte, sigue las directrices siguientes.

3. **Práctica:** De manera ideal, te ayudará practicar esto con otra persona. Lo hará más real y también podrá intercambiar opiniones contigo. Si estás solo, ponte delante de un espejo largo para practicar el guion que has hecho. Pero antes de esto, debes eliminar la tensión de tu cuerpo. Realiza unos estiramientos para relajarte (cuello y rostro), y respiraciones con el diafragma. De pie o sentado, bien equilibrado, con ambos pies en el suelo. Sin cruzar brazos ni piernas, y asegúrate de estar bien erguido. El contacto visual no deberá ser una mirada fija, sino directamente a los ojos de la otra persona, al menos el cincuenta por ciento del tiempo. No tengas miedo de hacer una pausa o de comprobar tus notas.

Cómo presentar una disculpa con confianza

La forma en que te disculpes afectará, sin lugar a dudas, el resultado. Lamentablemente, la culpa tiende a hacer que nos excusemos en exceso de un modo irritante y «pusilánime», o que nos pongamos a la defensiva porque nuestras disculpas parezcan poco entusiastas y hasta insinceras. La disculpa que se presenta con seguridad tiene mayores probabilidades de ser creída y aceptada al instante. He ideado un bosquejo para ese guion que espero te resulte una guía útil. Aquellos de ustedes que estén familiarizados con algunos de mis otros libros sabrán que confeccionar un guion es una de mis estrategias favoritas. Este es similar a los demás que he usado, pero tiene algunas adaptaciones clave para usarlo cuando presentamos disculpas.

El guion no pretende ser la única respuesta a los problemas; sencillamente es una forma de iniciar el proceso de resolución del problema de un modo seguro y positivo. La forma de escribir, editar y ensayar el guion hará que se escuche con mayor atención. Compromete al oyente, porque es conciso y considera sus sentimientos, se preocupa por descubrir un resultado bueno y realista para ambas partes. Por supuesto, el momento debería ser el adecuado. Si la persona en cuestión sigue demasiado conmocionada, herida o enojada, no puedes esperar que tu disculpa sea aceptada. Es posible que tengas que regresar de nuevo y repetirlo más adelante. Si no quieren verte en un principio, puedes usar el bosquejo del guion para componer una carta o un correo electrónico. Luego, más tarde, podrías usarlo para sugerir formas en que podrías hacer enmiendas.

En primer lugar, perfilaré los cuatro pasos del guion y te proporcionaré indicaciones relevantes sobre qué hacer y qué no en cada sección, que debes tener en mente. A continuación, te daré algunos ejemplos de la vida real para mostrarte cómo puedes aplicarlo.

Como sabes, soy británica y mis ejemplos reflejarán, por tanto, mi cultura. Si vives o trabajas en una cultura diferente, tal vez tendrás que adaptar un poco tu estilo. Los elementos básicos son los mismos, pero el lenguaje verbal y no verbal puede requerir alguna modificación. Lo que en una cultura se considera seguro, puede interpretarse como agresivo, o incluso pasivo, en otra. Por tanto, intenta repasar cualquier guion que escribas con alguien conocido por su seguridad y su firmeza dentro de tu entorno cultural.

Existen cuatro etapas para prepararse:

1. **R**esumen
2. **E**moción
3. **D**isculpa y/o compensación
4. **R**ecompensa

Usa este mnemotécnico para que te impulse a recordar la primera letra de cada etapa:

Resume **E**sta **D**isculpa **R**ápidamente

EJEMPLO A: EL DILEMA DE NAVIDAD DE DEREK

Los padres de Derek viven en el norte del Reino Unido, a unas cinco o seis horas en automóvil de su casa en Londres. El padre había sido operado recientemente y la madre le pidió que le preguntara a su esposa, Wanda, si la familia podía acudir a su casa para Navidad, ya que su padre se encontraba muy bajo de ánimo. El plan original de aquel año era ir a casa de los padres de Wanda, en Polonia.

Derek tuvo que llamar a su madre para decirle que la familia seguía adelante con el viaje a casa de sus suegros. Wanda había dicho que los billetes no podían cambiarse, y que sus padres ya habían organizado demasiadas actividades para los niños como para que ella les pidiera ahora que las cancelaran. También hacía poco que Derek había recibido la noticia de que tenía que ir una semana a EE. UU., por trabajo, a principios de diciembre, así que ya no podrían visitarlos hasta finales de enero.

Se sentía muy angustiado de tener que hacer la llamada; le asustaba que su madre pudiera ponerse a llorar. Como podrás imaginar, se sentía muy culpable de no darles a sus padres el apoyo que necesitaban. Pospuso la llamada durante dos semanas, porque *sencillamente no sabía cómo decírselo*. Casi llegó a decidir que tendría que escribir una carta, aunque sabía que esto los disgustaría aún más. Entonces Wanda recordó que una amiga le había hablado sobre hacer un guion, y juntos lo redactaron y lo ensayaron, para iniciar la llamada telefónica.

El guion de Derek para una llamada a su madre:

Hola, mamá, recuerdas que hace un par de semanas estuvimos hablando de la posibilidad de cambiar nuestros planes para Navidad. Me temo que no va a ser posible. Lamentablemente ahora tengo un compromiso de trabajo en EE. UU., en diciembre, así que no puedo pasar a verlos antes de Navidad. [Resumen].

Imagino que tú y papá se sentirán muy decepcionados y que tal vez piensen que no los apoyo [expresar una Emoción empática]. Yo también me siento fatal de no poder estar con ustedes en Navidad [la emoción de Derek].

Espero que acepten mi forma de intentar remediar esto. Les estoy comprando una tableta y he hablado con Janet [la hermana de Derek] para que se las lleve el Día de San Esteban y así podamos hacer una videollamada. Pasaré por ahí en algún momento durante el mes de enero y les enseñaré mejor cómo usarla. [Disculpa y Enmienda].

Es tan fácil de usar que tú y papá podrán llamar a los niños y a nosotros con regularidad, y también podrán hablar con Janet. Estoy seguro de que esto nos ayudará a todos a sentirnos más cerca y también alegrará a papá. Le van a encantar algunos de los juegos de palabras y también podrá ver el fútbol en cualquier momento que le apetezca. [Una recompensa Positiva ventajosa].

La madre de Derek no lloró. De hecho dijo que lo entendía. Ahora mantienen videollamadas y planean pasar la Pascua juntos.

EJEMPLO B: EL FRACASO DE BOB, JEFE DEL PROYECTO, AL HACER FRENTE A UN CONFLICTO DEL PERSONAL

El equipo de Bob ha estado quejándose entre sí de Brian, uno de sus colegas. Aunque nadie le presentó a Bob una protesta oficial, él se enteró de ello y decidió ignorarlo. (La resolución de conflictos no era uno de sus puntos fuertes).

Finalmente, Brian actuó de un modo tan grosero con la jefa adjunta del proyecto, Linda, que ella decidió dimitir.

Tras indagar en el incidente, Bob supo que tenía que tomar una acción disciplinaria. Le hizo a Brian una advertencia formal. Al recibirla, este se sintió muy enojado y fue extremadamente ofensivo con Bob, y presentó también su dimisión, la cual el jefe aceptó. Se sentía muy nervioso por tener que comentar este suceso en la siguiente reunión de equipo. Todos eran conscientes de que Linda se había asegurado rápidamente un puesto en la empresa de un competidor, de modo que no era de esperar que regresara.

Bob reconocía su culpa por haber evitado esta cuestión de personal, que llegó a convertirse en una grave crisis para su equipo. Ahora quería disculparse con ellos, pedirles su apoyo y volver a motivarlos. Este fue su guion.

El guion de Bob para iniciar su siguiente reunión de personal:

Como todos sabemos, el problema de la conducta perjudicial de Brian ha durado algunos meses. Soy perfectamente consciente de que, si yo hubiera actuado con anterioridad, no habríamos perdido a Linda en este momento tan crucial. [Resumen].

Sé que algunos de ustedes están enojados conmigo e imagino que otros, como mínimo, se sienten defraudados. Entiendo por qué se sienten de este modo y me arrepiento de no haberme ocupado antes de la situación. [Empatía con la Emoción de ellos y expresión de su emoción de pesar].

Quiero pedirles disculpas a todos y asegurarles que no volverá a suceder. Esto ha sido una llamada de atención para mí. Y he empezado unas sesiones de capacitación para ejecutivos para que me ayuden a mejorar mis aptitudes de gestión. Apreciaré mucho su reacción sincera sobre cómo me comporto en los próximos meses. Prometo que haré todo el esfuerzo posible para sustituir a Linda tan pronto como pueda. Mientras tanto, haré horas extras para asegurarme de poder encargarme de sus responsabilidades. [Disculpa y Enmiendas].

Confío en que pronto volveremos a trabajar juntos como el excelente equipo que, indudablemente, somos, y sé que el proyecto será un gran éxito. [Una recompensa Positiva ventajosa].

Si deseas tener más ayuda con la comunicación segura, he escrito extensamente sobre el tema en otros libros (échale un vistazo a *Super*

Confidence y *Assert Yourself*). Existen, asimismo, muchos cursos disponibles sobre el tema. Creo que descubrirás que muchas de las demás técnicas, ejercicios y consejos de este libro también reforzarán tus aptitudes en este importante ámbito.

Aptitud 4: Gestión emocional

Cuando se desencadena cualquier emoción difícil, como la culpa, es probable que nuestro modo estrés fisiológico también se haya conectado. Esto es particularmente cierto si dos de los colegas de la culpa –el temor y la ira– también se han añadido a esta infusión emocional.

La gestión emocional es un tema muy grande y puede representar, quizás, el mayor reto para cualquiera que esté preocupado por la autosuperación. Hasta hace bien poco, las personas no se tomaban este tema en serio. Antes de esto, creían estar a merced de sus sentimientos. La mayoría de nosotros crecimos oyendo a los adultos afirmar: *No*

> **La lógica no cambiará una emoción, pero la acción sí.**
> ANÓNIMO

puedo evitar sentirme así; sé que es mala para mí, pero no puedo dejar de amarla; no pretendía gritarle, pero la irritación me hizo estallar; temblaba de miedo; me has hecho enfadar tanto diciendo lo que has dicho que no he podido evitar soltarlo.

Tal vez nos llamaron *estúpidos* por sentirnos de cierta manera, y nos dijeron que deberíamos sentirnos de un modo distinto. Sin embargo, nadie nos dijo cómo podíamos empezar a, o dejar de, sentir nuestras emociones. Creo que esto se debe, en parte, a que se sienten tan parte de nuestra fibra misma que hablar sobre ello es bastante amenazante. Para mí fue ciertamente así. No fue hasta alcanzar mi punto máximo, cuando mis sentimientos se convirtieron en una amenaza para mi vida y para el bienestar de mis hijos, que probé tímidamente algunas estrategias de gestión emocional. Incluso entonces, creo que solo pude hacerlo bajo el pretexto de hacerme más firme. Justifiqué mi asistencia a cursos aludiendo que podría «luchar» con mayor eficacia por las necesidades de mis hijos y las de mis clientes menos privilegiados y enfermos. La mayoría de las personas a las que entreno hoy también lo hacen. En realidad, muchos <u>tienen</u> que lograr un control mejor sobre sus sentimientos: sus patrones han amenazado su trabajo o los tribunales también han amagado con «castigos» alternativos.

En la actualidad, estas actitudes pueden parecer pasadas de moda, pero siguen merodeando por nuestra mente subconsciente. Tal vez te estés resistiendo a las estrategias de la gestión emocional. Podrías empezar descartándolas porque te parecen demasiado simplistas. De ser así, más vale que te digas que cuanto más sencillas sean, más probable será que funcionen (¡esto es verdad!). Las partes de nuestro cerebro que más intentamos controlar son sumamente primitivas.

Otra línea de «resistencia» con la que hay que tener cuidado es algo parecido a esto: *No quiero convertirme en un robot programado... Me gusta ser una persona sensible y apasionada.*

La respuesta a este argumento es que las personas que saben cómo controlar sus sentimientos son mucho más libres para ser sensibles y apasionadas. Esto se debe a que confían en su capacidad para recuperarse de cualquier inconveniente, decepción o daño que puedan acarrear sus sentimientos profundos.

El proceso fisiológico de la respuesta al estrés

La respuesta al estrés es un proceso que tiene lugar dentro de nuestro cuerpo cuando nuestro cerebro «nota» lo que considera una amenaza para nosotros. Por lo general, suele conectarse cuando sentimos una emoción difícil como la culpa, la ansiedad, el temor o el enojo. Podemos percibir o no los cambios que han tenido lugar en nuestro cuerpo.

La función de la respuesta al estrés consiste en prepararnos para luchar o huir rápidamente. Se le suele llamar la respuesta de la lucha o la huida. Hoy día se ha identificado un tercer tipo de respuesta y se añade con frecuencia a la descripción: el congelamiento. Esto significa no hacer nada. Incluye lo que los psicólogos denominan negación. Te comportas como si no hubiera amenaza estresante, aunque esté operando la respuesta al estrés fisiológico. En realidad es una respuesta común en nuestro mundo humano contemporáneo y muy relevante para nuestra gestión de la culpa.

La respuesta al estrés fue designada para nuestros ancestros primitivos que se enfrentaban a amenazas físicas. Esto es lo que significa:

- Ciertas hormonas se estimulan y comprometen la rama simpática de nuestro sistema nervioso autónomo.
- Nuestros ojos se dilatan para mejorar nuestra visión.
- Nuestro ritmo cardíaco se incrementa para hacer circular la sangre con mayor rapidez hacia los órganos vitales, y nuestra respiración se acrecienta para proporcionar más oxígeno a la sangre que circula con rapidez.
- Los músculos de nuestros brazos y piernas se tensan para que podamos movernos con mayor rapidez y de forma precisa.
- Nuestra respiración cambia. En lugar de respirar lenta y suavemente desde la parte inferior de nuestros pulmones, empezamos a hacerlo de un modo rápido y superficial, desde la parte superior de los pulmones. Este cambio no solo aumenta la cantidad de oxígeno en nuestra corriente sanguínea, sino también «despeja» la cantidad creciente de dióxido de carbono. En una emergencia física producimos un exceso de dióxido de carbono, de modo que este ritmo respiratorio es fundamental.

El efecto sobre nuestra mente es que nuestra velocidad de pensamiento se dispara con el fin de que podamos decidir con rapidez si luchar, huir o congelarnos.

En el caso de los seres humanos y de muchos animales, cuando también se ven implicados sentimientos difíciles, se activa la amígdala del centro cerebral. Es, asimismo, el centro de una respuesta primitiva, vinculada a nuestro sistema emocional. La neurología se está desarrollando rápido y pronto podría proporcionarnos un conocimiento más profundo de cómo funciona la amígdala. En la actualidad, entiendo que al menos una de sus funciones es crear anteproyectos, que son básicamente estrategias preparadas para enfrentar las emergencias con carga emocional. Estas se derivan de la «impresión» de la amígdala con respecto a qué estrategias han funcionado bien tanto para nuestros ancestros como para nosotros en el pasado. De modo que son creadas a partir de nuestra naturaleza (nuestros genes) y nuestra crianza (las experiencias de nuestra vida, sobre todo en la infancia y durante tiempos traumáticos como adultos).

En la teoría, todo esto suena bien, pero en la práctica no funciona demasiado bien para la mayoría de las necesidades que tenemos hoy.

Nuestras crisis modernas requieren un pensamiento mucho más cuidadoso, a través de respuestas, que esos rudimentarios anteproyectos. A diferencia de nuestros ancestros, nosotros hemos desarrollado centros más sofisticados en nuestro cerebro para ocuparnos de los factores estresantes. En realidad, muchas crisis de salud mental se producen porque las personas siguen respondiendo a los problemas tanto en nuestro mundo externo como interno con su respuesta primitiva al estrés.

El efecto de este «mal uso» de la respuesta al estrés es que las personas reaccionan de manera exagerada a las cuestiones menores o se quedan cortas frente a amenazas más graves. Los anteproyectos de la amígdala pueden habernos funcionado bien cuando éramos niños, y sigue siendo así en tiempos de guerra o de traumas importantes, pero podrían no ser tan bien recibidos por nuestros jefes o por quienes están más cerca de nosotros o nos son más queridos. De hecho, estas estrategias más que obsoletas pueden, en realidad, ser contraproducentes, como ilustra la historia de Terry:

El padre de Terry perdía los nervios de un modo espantoso cada vez que su hijo hacía alguna travesura. Su madre nunca movió un dedo para defenderle y, de hecho, lo amenazaba con decírselo a su padre si hacía algo indebido. De modo que, cuando la pelota de Terry rompió un cristal en el jardín del vecino, le aterrorizaba contárselo a sus padres. Como nadie pareció notar el cristal roto, no hubo repercusiones. Sin embargo, a partir de entonces, él se volvió muy reservado en lo referente a todas sus faltas. La mayor parte del tiempo, la estrategia tuvo mucho éxito y se convirtió en su respuesta habitual al estrés que surgía cada vez que cometía alguna fechoría que lo hacía sentirse culpable.

De adulto, el método habitual de Terry para manejar la culpa le causaba dolores de cabeza tensionales y problemas de autoestima, pero eludió los problemas durante muchos años. No obstante, un día le causó desperfectos a otro automóvil mientras aparcaba en el parking subterráneo en el trabajo. Al parecer, no había nadie por allí. Así que, como de costumbre, Terry se sintió culpable pero no hizo nada al respecto.

Resultó que el auto perjudicado pertenecía al nuevo director del Departamento de Finanzas. Este hombre descubrió un pequeño rastro de pintura y enseguida supo que pertenecía al automóvil de Terry, porque era el otro único vehículo en el garaje del mismo color. En la oscuridad del aparcamiento, nuestro amigo no se había percatado de ello.

Al día siguiente, el director de finanzas hizo circular el número de matrícula por todos los jefes de departamento, preguntando si alguien sabía a quién pertenecía el auto causante del daño. Alguien le dijo al jefe de Terry de quién era el auto y, al ser confrontado por su superior, negó ser el responsable. Pero el jefe, un exoficial de la policía, estaba bien entrenado para detectar las señales no verbales de la culpa. Persistió con su interrogatorio y, finalmente, Terry confesó.

No perdió su trabajo, pero no fue ascendido como él creía merecer. Cuando empezó a solicitar otros trabajos y no los consiguió, imaginó que su jefe no estaba dando buenas referencias de él. No podía demostrarlo, ya que las referencias debieron de darse por teléfono o cara a cara. (El mundo laboral de Terry era un nicho, y más bien pequeño).

Terry aprendió una importante lección sobre la gestión de la culpa, pero pagó un precio muy caro en el proceso.

Los mejores amigos de la culpa son el temor, el enojo y la vergüenza; por tanto, serán los que trataremos. Nuestra meta consiste en domarlos. No podemos y no queremos erradicar ninguno de ellos, porque todos tienen funciones útiles. Sin embargo, cuando «actúan juntos» en respuesta a la culpa, pueden llegar a ser muy problemáticos. Podemos terminar con una mezcla de emoción confusa en nuestro interior difícil de controlar, como ilustra esta historia sobre Ken.

Ken tiene una secreta adicción al juego. Se **siente culpable** por las enormes deudas que ha contraído. Le **aterroriza** contárselo a su esposa, porque está seguro de que ella lo abandonará y se llevará a su hija. Tiene pesadillas todas las noches.

Acude a ver a su médico de cabecera que no accede a darle pastillas para dormir. Se **enoja** con la doctora y la insulta a gritos. La recepcionista entra y pregunta si llama pidiendo ayuda. Ken se siente extremadamente **avergonzado.** Se disculpa y abandona el consultorio.

En vez de regresar a casa, se dirige a un *pub* cercano e intenta ahogar la olla a presión de sus sentimientos. La primera bebida no funciona, así que toma más y más. Empieza a discutir con otro cliente y se vuelve amenazante hacia él. Como era de esperar, Ken acaba en la comisaría y es amonestado. Llaman a su esposa para pedirle que vaya a recogerlo.

La historia de Ken es bastante dramática y deprimente, pero ilustra cómo estas emociones de temor, enojo y vergüenza suelen actuar en conjunto con la culpa. Estas emociones pueden, de manera similar, estar vinculadas incluso cuando nuestra culpa podría ser irracional o muy minimalista. Un ejemplo más cotidiano podría ser un padre o madre tan preocupados por su culpa por no ser lo bastante buenos que empiezan a volverse irritables con su cónyuge y protegiendo en exceso a sus hijos.

> **El estrés no es lo que nos sucede a nosotros. Es nuestra respuesta A lo que sucede. Y la RESPUESTA es algo que podemos escoger.**
>
> MAUREEN KILLORAN, MENTORA ESTADOUNIDENSE

Y esta «sociedad emocional» puede, por supuesto, funcionar de la manera opuesta. Por ejemplo, alguien le grita a un nuevo subalterno en el trabajo y, de camino a casa, se siente culpable. Le angustia tanto repetir su irritable conducta no provocada que se vuelve incómodamente condescendiente con todo el personal subalterno y deja de hacer las críticas negativas que ellos necesitan.

En esta breve sección no puedo profundizar más en la gestión de todas las emociones difíciles relacionadas con la culpa; por tanto, he decidido centrarme en la respuesta al estrés y unas cuantas estrategias simples que te ayudarán a controlar tu temor y tu enojo. También te proporciono una para la culpa vergonzosa en la página 179.

Tres soluciones fáciles para desconectar tu respuesta al estrés

Cuanto antes aprendas y practiques estas rápidas soluciones, mejor. No lo aplaces hasta que sientas la tensión y otros sentimientos incómodos de la respuesta al estrés. En ese momento será casi imposible asimilar una nueva técnica. Si desarrollas el hábito de usar al menos una de ellas a diario, esto te mantendrá en buena forma mental y física, y serás más capaz de afrontar cualquier desafío que pudiera cruzarse en tu camino. Todas ellas se aseguran de que tu corazón y tu cerebro funcionen con la eficacia de la que son capaces.

ESTIRA, TENSA Y RESPIRA

Dondequiera que estés, si <u>empiezas</u> a sentirte culpable, usa este ejercicio para calmar el ritmo de tu pulso. Solo te llevará dos o tres minutos.

Aprieta y suelta tres veces, al menos un conjunto de músculos. Si estás sentado a la mesa de un restaurante o en una reunión de trabajo, también puedes usar tus pantorrillas, los muslos y las manos sin que nadie se dé cuenta. Aunque solo puedas usar los dedos de tus pies, te vendrá bien. Tápate la boca con una mano (como suelen hacer las personas que escuchan con atención). A continuación puedes respirar profundamente dos veces hasta llenar tu estómago de aire sin que nadie lo note. Espira muy lentamente cada una de las veces. Con la mano en la cara, nadie se percatará de que has fruncido los labios para asegurarte de que el aire salga lentamente.

Si puedes ir a algún lugar donde nadie pueda verte (¡como el baño!), haz muecas exageradas. Estira tus músculos faciales casi hasta el límite. Aguanta durante uno o dos segundos, y a continuación relájalos con lentitud. Finalmente, haz tantos estiramientos y tensiones de otros músculos según te lo permitan el espacio y el tiempo.

REANIMADOR MENTAL MÁGICO

Esta técnica puede usarse realmente en cualquier lugar, ya sea sentado en una sala de espera o en un aparcamiento. Funcionará incluso mejor si puedes hallar un sitio donde acostarte o sentarte. No solo desconectará la respuesta al estrés, sino que también limpiará tu mente de cualquier pensamiento obsesivo o negativo que esté produciendo tu culpa.

- Si es posible, cierra los ojos. (Yo uso siempre un antifaz, porque la oscuridad me ayuda). Relaja conscientemente cualquier tensión de tu cuerpo. Comprueba que tu rostro, tu mandíbula, tus manos, tus brazos, tus piernas y tus pies estén relajados. Si tienes tiempo, también puedes tensar y relajar cada conjunto de músculos. Permítete hundirte y sentirte apoyado por cualquier superficie sobre la que estés sentado o acostado.
- Mientras sigues mentalmente el paso de tu respiración, al inspirar y espirar, haz tres o cuatro respiraciones lentas y profundas. Para

asegurarte de que tu respiración involucra tu diafragma, ponte una mano sobre el estómago para que puedas sentir cómo se eleva mientras respiras. Cuando lo sientas lleno, retén la respiración y cuenta hasta cuatro o seis. A continuación, frunce los labios y ve soltando el aire tan lentamente como puedas. A veces ayuda imaginar tu respiración como si fuera de un color cuando entra y de otro cuando lo expulsas.

- Ahora, respira con naturalidad y facilidad, mientras vas contando despacio desde cincuenta hacia atrás. O, si no eres persona de números, repite el abecedario de este modo: ab... bc... cd... de... ef... etc. Cada vez que entre un pensamiento en tu mente, vuelve a contar desde cincuenta o repite el ejercicio del alfabeto desde el principio.
- Acaba dejando flotar tu mente suavemente durante unos cuantos minutos. Tu cuerpo también debería sentirse ligero y relajado.
- Repite, si tienes tiempo.

MEDITACIÓN ESCÉNICA CON SÍMBOLOS

Estos ejercicios engañan a tu cerebro y le hacen «pensar» que estás en tu lugar tranquilo favorito, donde te sientes relajado al instante. Funciona, porque nuestro cerebro no puede distinguir entre una escena que estamos viendo en realidad y otra que estamos viendo usando nuestra imaginación.

- Relaja tu cuerpo haciendo unos cuantos estiramientos rápidos de los músculos.
- Cierra los ojos y efectúa tres respiraciones profundas y lentas.
- Enfoca los ojos de tu mente en esa escena tranquila.
- Examina esta escena en detalle. Imagina que estás grabando un vídeo. Acerca y retira el zoom con suavidad para captar todos sus hermosos detalles.
- A continuación usa los ojos de tu mente para visionar este vídeo. Mientras lo haces, recuerda los aromas y sonidos, por tenues que puedan ser.
- Observa las sensaciones positivas que se han creado dentro de tu cuerpo. Tómate unos momentos para disfrutar de ellas.

- Cada vez que acuda un pensamiento a tu mente, vuelve a enfocar el ojo mental en algún detalle de tu escena y examínalo de nuevo con cuidado.

Si practicas esta técnica con regularidad, le enseñarás a tu cerebro a asociar la imagen de tu escena con desconectar la respuesta al estrés. Después, cuando detectes un pensamiento culpable, lo único que necesitas hacer es llevar esa imagen a tu mente y tus pulsaciones empezarán a ralentizarse.

Soluciones rápidas para la angustia y el temor

El temor es el enemigo de la lógica.
FRANK SINATRA, CANTANTE Y ACTOR ESTADOUNIDENSE

Obviamente, todos estos ejercicios que te indico más arriba te ayudarán también con la angustia y el temor. Úsalos junto con estas sugerencias que te doy a continuación.

CONVERSACIÓN TRANQUILIZADORA CONTIGO MISMO

- Apunta varias frases tranquilizadoras en pequeñas tarjetas que puedas llevar en tu billetera o bolso. Aquí tienes algunos ejemplos de las que se han usado en distintas situaciones cuando el temor o la angustia se han unido a la culpa:
  Puedo manejar esta culpa.
  Yo controlo mi temor.
  Me centraré en hacerlo lo mejor posible.
  Puedo reparar esta situación y lo haré. No hay nada que temer.
  No soy perfecto. Soy humano.
  Lo afronto mejor cuando estoy calmado.
  Puedo posponer y preparar; tendré una buena estrategia/guion.
  Será un reto, pero tendré una recompensa aunque fracase.
  Puedo crear un plan de contingencia para tratar con esto.
  Solo una pequeña parte de este error es culpa mía. Mantén la calma para reflexionar.

- Realiza uno de los ejercicios anteriores para calmar tu respuesta al estrés.
- Saca tu tarjeta y selecciona un par de frases tranquilizantes. Repítelas al menos tres veces. Hazlo cada vez que un pensamiento angustioso o temible te venga a la mente. Si ninguna de las frases de tu tarjeta parece adecuada, escribe al menos una o dos que funcionen en tu caso.

IMAGÍNATE QUE ESTÁS LLAMANDO A UN AMIGO

En algunos programas de juegos, cuando las personas están atascadas en una pregunta (con frecuencia porque están angustiadas), se les permite llamar a un amigo para que les ayuden. Tal vez no puedas hacer esto en realidad, pero sí es posible imaginarlo. El efecto sobre tu miedo podría ser más o menos el mismo.

- Piensa en tu cómico favorito. Imagínalo susurrándote al oído sobre esta situación hasta que te sientas sonreír o incluso reír.
- O recuerda a alguien que conozcas o de quien hayas oído hablar que sea, o no, perfecto y esté dispuesto a admitir su culpa y seguir adelante de un modo positivo. Imagina lo que te dirían en esta situación que te está angustiando y haciéndote sentir culpable. (Una persona que yo usé durante muchos años fue Nelson Mandela; otra era un buen amigo. Muchos de mis clientes han elegido a uno de sus abuelos).
- Practica este ejercicio usando a diferentes personas. Cuando hayas escogido a una o dos, consigue una pequeña foto de ellos que puedas llevar contigo y mirarlos a los ojos cuando empieces a sentir temor. Si no puedes conseguir una fotografía, selecciona un objeto muy pequeño que pudiera representarlos y que puedas tener a mano o en tu escritorio.

SIMULA QUE ESTÁS AFRONTANDO TU TEMOR CON ÉXITO

Antes de actuar con respecto a la culpa que está induciendo temor o angustia, realiza este ejercicio. Funciona porque nos sentimos menos asustados de hacer cosas que ya hemos hecho antes. Nuestro cerebro no puede distinguir entre lo que hemos imaginado y lo que ha sucedido en realidad. Por tanto, usamos los ojos de nuestra mente para que nos lleven por una simulación exitosa. A continuación, ejemplos de cuándo podría ser de gran utilidad esta técnica:

- Estás a punto de encontrarte con una persona con la que solías tener una relación e hiciste daño cuando la terminaste.
- Vas a una conferencia de trabajo donde te encontrarás con excolegas a los que echaron de tu compañía el año pasado.
- Eres un médico y tienes que decirle a un paciente que te equivocaste con su diagnóstico el año pasado. Pruebas recientes demuestran que los síntomas que presentaban indicaban lamentablemente un estado más grave.
- Eres un gerente al que le han encomendado la tarea de decirles a los empleados que el cincuenta por ciento de ellos perderá su trabajo dentro de tres meses.
- Has decidido decirle a tu pareja que mentiste la semana anterior sobre dónde estuviste una noche.

• • •

- Ve a algún sitio muy cómodo y tranquilo donde puedas acostarte o sentarte. Sería ideal que pudieras escoger hacer esto en un baño templado (no caliente).
- Realiza un ejercicio que te relaje tanto como sea posible. Como mínimo, respira profunda y lentamente.
- Cierra los ojos y visualízate entrando en el escenario que temes. Imagínate sereno, calmado y confiado. Obsérvate haciendo lo que quieres o debes hacer estupendamente bien.
- Obsérvate marchándote, con aspecto complacido y aliviado, y después llamando por teléfono a unos amigos con quienes compartir lo bien que te ha ido. Imagínalos formulándote preguntas sobre cómo te has enfrentado a tus temores: ¿Qué dijiste cuando...?; ¿Cómo te mantuviste sereno cuando él dijo eso? Dales tus respuestas.
- Repite esta visualización tres veces a lo largo de unos cuantos días, justo antes de tu acontecimiento.

Cómo afrontar la irritación y el enojo

¡Vuelve aquí! -llamó la Oruga-. ¡Tengo algo importante que decir!
Esto parecía prometedor, desde luego. Alicia dio media vuelta y
regresó. -Domina tu mal genio -dijo la Oruga.

TOMADO DE *ALICIA EN EL PAÍS DE LAS MARAVILLAS*, DE LEWIS CARROLL

La ira es una emoción fuerte y peligrosa, pero puede ser muy energética y útil cuando la tienes bajo control. Cuando se dispara, nuestro cerebro nos prepara fisiológicamente para una «pelea» física. Nuestros «oponentes» sentirán automáticamente que estamos actuando así, y sus respuestas de autodefensa se activarán. Por tanto, es vital que desconectemos esta respuesta durante las fases más prematuras de la irritación. La solución rápida del «no te calientes demasiado» que te proporciono más abajo ha sido probada a lo largo de muchos años y ha resultado ser extremadamente eficaz.

Para aquellos de ustedes que sientan el enojo con frecuencia, y actúen guiados por él, es importante que procuren más ayuda con este problema. La combinación de culpa y enojo nos hace propensos a ser muy inestables. Mi libro *Cómo mantener la calma*, un programa de autoayuda, es un buen lugar por donde empezar, pero en la actualidad también existen muchos cursos para gestionar la ira. Tu médico o los servicios sociales locales podrán aconsejarte uno acreditado en tu zona.

LA ESTRATEGIA DEL «NO TE CALIENTES DEMASIADO»: UNA SOLUCIÓN RÁPIDA PARA LA IRRITACIÓN Y LA IRA CRECIENTES

Esta estrategia se puede usar en una amplia variedad de situaciones, tanto en casa como en el trabajo. Es, asimismo, muy útil cuando realizas llamadas telefónicas difíciles y empiezas a sentirte irritado (por ejemplo, cuando alguien te está pinchando de broma por una equivocación que has cometido, pero sientes que subyace un tono crítico, te puede resultar difícil sofocar tu irritación).

Cada una de las cuatro etapas están designadas para enviar señales al cerebro que le indiquen que ya no estás en peligro y que no necesitas luchar. Tu forma de aplicarla dependerá de una diversidad de factores, como el grado de irritación o ira que estés sintiendo, el lugar donde te encuentres y si eres capaz o no de abandonar la situación que ha desencadenado tu respuesta enojada. Puedes utilizarla en unos pocos instantes si lo único que sientes es irritación. Si de verdad estás enfadado, las fases pueden y deberían espaciarse a lo largo de horas o días.

Usa este mnemónico para ayudarte a recordar las etapas y su orden:

No	Te	Calientes	Demasiado
O	I	A	E
C	E	L	B
E	R	M	E
R	R	A	S
C	A		R
A			E
			S
			P
			I
			R
			A
			R

- **N**o cerca (o distancia)

El objetivo de esta respuesta es crear cierta distancia entre tú y la persona o situación que ha suscitado tu irritación. Al dar este paso, en realidad actúas como los animales cuando no quieren pelear. (Los perros caminan hacia atrás cuando otro está siendo agresivo y no quieren luchar). Este paso enviará automáticamente un mensaje de «retroceso» a tu cerebro y a cualquiera implicado.

Acción: Abandona cualquier contacto físico que puedas tener; da un paso atrás; reclínate en una silla; sal de la habitación. Si estás muy enojado y tienes tiempo, haz lo que aconseja la abuela: *Consúltalo con la almohada.*

- **T**ierra

En este paso, tu objetivo consiste en traer tu cuerpo y tu mente de regreso a la tierra, a la realidad. La ira tiene la costumbre de moverse de manera amenazante. Puede, asimismo, hacernos pensar de manera fantasiosa.

Este paso nos conecta con la realidad tanto física como mentalmente, llevando de nuevo el cerebro a su modo de pensar (en lugar de estar en su modo autoemocional encendido por la culpa).

Acción: Pon ambos pies firmemente en el suelo; agárrate a algún objeto firme inanimado como un escritorio, la columna de la cama, el alféizar de la ventana; cuenta todos los objetos azules (o de cualquier otro color) de la habitación o el número de círculos que puedes ver. De manera alternativa, distráete pensando en una receta para la cena o haciendo una tarea rutinaria y fácil que requiera concentración.

- **C**alma

El propósito de este paso es liberar la tensión física creada por tu respuesta airada.

Acción: Si puedes encontrar un lugar privado, como un baño, tensa la cara y a continuación ve relajándola lentamente, haz algunos estiramientos y relajamientos de muñecas. Si estás en casa podrías dar golpes o patadas a un cojín, ¡y hasta gritar y proferir un largo y satisfactorio gruñido! Si tienes tiempo, ve al gimnasio, da un breve paseo o corre.

Si te encontraras en una importante reunión, podrías encoger y estirar discretamente los dedos de los pies o abrir y cerrar los puños bajo la mesa.

- **D**ebes respirar

La ira nos hace hiperventilar, de manera que es fundamental realizar conscientemente algunas respiraciones controladas. La hiperventilación no solo es mala para nosotros en lo físico, sino que también puede causar un ataque de pánico y dejarnos inmóviles e incapaces de funcionar.

Acción: Haz una breve pausa, respira profundamente llenando la zona del estómago y ve soltando el aire lentamente. Si puedes tomarte algo más de tiempo, realiza el ejercicio de las páginas 112-115. Sigue haciendo unas cuantas respiraciones profundas, lentas, durante los siguientes tres o cinco minutos.

Si crees que podrías hacerlo con un poco más de ayuda con respecto a la gestión emocional, algunos de mis otros libros, como *La seguridad emocional*, *Cómo mantener la calma* y *The Emotional Healing Strategy* deberían servirte. De manera alternativa, existen numerosos cursos disponibles sobre este tema. Te proporcionarán la oportunidad de probar aptitudes y técnicas. Es la mejor forma de descubrir las que funcionen para ti.

En la última década, la ciencia ha descubierto el rol que las emociones juegan en nuestras vidas. Los investigadores han encontrado que incluso más que el coeficiente intelectual, la consciencia emocional y habilidades para controlar sentimientos, determinarán nuestro éxito y felicidad en todos los ámbitos de la vida, incluyendo las relaciones familiares.

JOHN GOTTMAN, CATEDRÁTICO EMÉRITO ESTADOUNIDENSE EN PSICOLOGÍA

Aptitud 5: Amistad cara a cara

Esta cita, al parecer cínica, de Ogden Nash es en realidad un comentario sumamente sabio. La culpa puede ser una buena prueba para la amistad. Con frecuencia la construye o la rompe. Si has hecho algo que un amigo desaprueba, es posible que no te perdone por mucho que te empeñes. Y si eres alguien que se siente continuamente culpable o que está atascado en la culpa, te puedes encontrar con que tus amistades prefieren ver mucho menos de ti.

Por otra parte, cuando la culpa está aplastando nuestra autoestima y nuestra alegría de vivir, un amigo en concreto podría ser la única roca a la que te puedas aferrar. O podríamos apoyarnos en otros que no entiendan necesariamente nuestros sentimientos, pero que no obstante permanecen fieles a nosotros, hagamos lo que hagamos.

Esta mañana estaba escuchando un programa sobre la felicidad. Esto se ha convertido en un tema candente en el mundo occidental, y con razón. Cada vez son más los estudios que se están publicando, y cada uno pretende arrojar nueva luz sobre el tema. La mayoría de los que he visto parecen coincidir en la importancia de tener una fuerte red social. Sin embargo, cada día son menos los que sienten poseerla. Es posible que tengan centenares, y hasta millares, de contactos y muchos conocidos, pero pocos amigos –si es que tienen alguno– a los que confiarían un secreto culpable. No me estoy refiriendo a la culpa por comer demasiado pastel de chocolate o de permitir flirteos inofensivos. Puedes hablarle a un compañero de autobús sobre estas cuestiones. Pero cada vez son menos los que cuentan con suficientes amigos o familiares de quienes obtener el apoyo que les ayude a salir del problema personal más difícil.

Mi experiencia como terapeuta ciertamente lo confirma. Veo a muchos clientes que solo quieren hablar conmigo como lo harían con una amiga, cara a cara, sobre sus problemas de culpa. Solo necesitan a alguien que los escuche y los tranquilice un poco respecto a que son una persona normal que lleva una vida normal. No necesitan terapia. De modo que, con frecuencia, los oriento para que hagan y desarrollen relaciones más estrechas. Las ventajas obvias para mis clientes son que los amigos están más disponibles y su tiempo no cuesta dinero. Las menos evidentes son que podemos corresponder. Actuar así ayuda a fomentar nuestra confianza, es emocionalmente curativo para el dador y, por supuesto, profundiza las relaciones que pueden durar toda una vida.

> Hay personas muy ingeniosas con los remordimientos, que parecen sentir que la mejor forma de hacer amigos es hacer algo terrible y, a continuación, hacer enmiendas.
>
> OGDEN NASH, POETA ESTADOUNIDENSE

Tristemente, no hay formas rápidas y fáciles para establecer este tipo de amistades cara a cara. Requieren tiempo para construirse y ponerse a prueba. Pero sí ayuda que conozcamos las cualidades psicológicas que estamos buscando. Tal vez un día alguien confeccione un test psicológico para los amigos potenciales, como los que se usan en las entrevistas de trabajo. ¿Pero quién querría usarlo? ¿Te imaginas sentarte con un nuevo conocido en un *pub* y decirle: *Creo que podríamos llegar a ser realmente buenos amigos, pero te importaría rellenar primero este cuestionario, por favor?* Este ejercicio está designado para ayudarte a hacerlo si careces de este tipo de amigos.

EJERCICIO: CUALIDADES QUE DEBO BUSCAR EN LOS AMIGOS PARA QUE ME AYUDEN CON LA CULPA

Más abajo encontrarás una lista que he confeccionado. Échale un vistazo y personalízala para que encaje con tus necesidades. Añade, o sustrae, las cualidades que te gustarían hallar en esos amigos para que te ayuden con una cuestión de culpa. Por ejemplo, si estos problemas de culpa tienden a relacionarse con el trabajo, quizás quieras a alguien que entienda la cultura del mismo. Y si tienen que ver con ser padre o madre, necesitarás que sea alguien que tenga hijos.

Mi lista de ejemplos es un tanto excesiva. Para que te resulte más práctica, recorta la tuya a unos seis aspectos solamente. Una vez que quede como tú desees, anota junto a cada entrada el nombre de los amigos que, a tu entender, tengan al menos algunas de las cualidades que tú necesitas. Lo ideal es que tengas **dos** personas para cada cualidad, ya que una podría no estar disponible.

- La capacidad de guardar confidencias.
- Valores fundamentales similares.
- Apertura de mente.
- Visión positiva.
- Resiliencia; se recupera y, por lo general, no se deja vencer por los problemas.
- Suficiente confianza para compartir sus propios fracasos.
- Respeto hacia las personas que tienen creencias distintas.
- Suficiente firmeza para decirte «No» cuando quieran o necesiten hacerlo.
- Una autoestima lo suficientemente buena como para aceptar que necesitas también a otros amigos.
- Sentido del humor para proporcionar perspectiva cuando las cosas se ponen bastante feas.

¡Capacidad para amar a una persona imperfecta que está intentando mejorar!

Escoge a una o dos amistades con las que te gustaría profundizar. Anota formas en las que podrías comprobar si poseen alguna otra de tus cualidades clave, p. ej., iniciando conversaciones específicas con ellas, observando cómo reaccionan a los temas de las películas, o qué tipo de programas prefieren ver en la televisión, etc.

Una vez que hemos seleccionado a nuestros amigos, es evidente que tenemos que ser capaces de mantener la relación en buena forma. Esto significa hacer lo que es obvio, como pasar tiempo de calidad juntos. Sin embargo, también quiere decir afrontar con valentía los problemas que surjan entre nosotros, y no limitarse a barrerlos y esconderlos bajo la alfombra. Es muchísimo más fácil decirlo que hacerlo, por mucha confianza que tengas. Por ello, he escrito unas cuantas directrices que espero te ayuden a tratar con las dificultades comunes en relación con la culpa en el seno de las amistades. Se han basado principalmente en el conocimiento que he adquirido a lo largo de muchos años de trabajar con clientes, en grupos y también de manera individual. Y, por supuesto, también he sacado una buena cantidad de sabiduría de mi propia experiencia personal.

Cómo evitar el cruce de cables que resulta en culpa en las amistades cara a cara

Las aptitudes de comunicación defectuosas son, en ocasiones, la causa de que se crucen los cables, pero en el ámbito de la amistad se deben casi siempre a las expectativas malentendidas. Y estas son responsables de la mayor parte de la culpa consiguiente.

En nuestra vida laboral tenemos contratos y puestos de trabajo definidos. Las posibilidades de los papeles que jugamos suelen estar claramente determinadas. En la actualidad, antes de que las personas se casen se suelen discutir las expectativas con mayor frecuencia. Rara vez, este es el caso dentro de la esfera de las amistades. No es de sorprender que esto lleve a muchos malentendidos y a una buena cantidad de malos sentimientos entre amigos. No resulta realista pensar que las expectativas lleguen a aclararse de manera formal entre amigos, pero podemos minimizar los sentimientos de culpa y decepción por ambas partes. A continuación te propongo algunas sugerencias:

Sé claro respecto a tus propias necesidades de amistad y revísalas de vez en cuando.

Te aseguro que cambian, en especial conforme nosotros y nuestros amigos vamos avanzando en edad, o cuando atravesamos periodos transicionales o de estrés en nuestra vida. Nuestras necesidades pueden variar enormemente. Aquí tienes solo algunas de las más comunes:

- Apoyo emocional. Personas que de verdad se preocupen por mí y respeten mis sentimientos.
- Ayuda práctica mutua.
- Divertirnos juntos.
- Poder ser plenamente nosotros mismos.
- Tener un confidente en el que pueda confiar.
- Lealtad. Tener a alguien a mi lado.
- Tener a alguien que me rete y me exija.
- Tener a alguien que comparta mis valores.
- Estar con personas diferentes a mí.
- Tener a alguien con quien compartir aventuras.
- Estar rodeado de personas que hayan estado conmigo durante la mayor parte de mi vida.
- Jugar y/o hacer deporte juntos.

La mayoría de nosotros ni siquiera podemos conseguir que las necesidades de nuestra amistad sean satisfechas por completo por una o dos personas. Tampoco podemos pretender que las pueda suplir todo un grupo de amigos que siempre socializan entre sí, porque les guste realizar las mismas actividades. Tenemos que efectuar una selección y tener claro en nuestra propia mente qué necesidades creemos que cada uno de ellos puede satisfacer de un modo realista.

Sé sincero y realista sobre lo que puedes y quieres dar respecto a cada uno de tus amigos. Declina con sensibilidad las peticiones de ayuda o las actividades que no estén en esta lista. Si tu amigo o amiga persiste en pedirte algo que no quieras hacer, usa el guion (ver página 103) para preparar algo enérgico que decirle.

Deja de pensar en tus amigos en términos jerárquicos, desde el mejor hasta el marginal. Esto evitará que tengas demasiadas expectativas con los mejores amigos y demasiado pocas con los demás. Piensa más bien en términos de combinar las fuerzas para ambas necesidades en un momento dado.

No temas cambiar una actividad que hagas habitualmente con un amigo. Por ejemplo, Carole tenía una amiga soltera desde la época de la universidad que solía ser una persona extraordinaria con quien ir de compras. Ahora que es madre y que también tiene mayores ingresos, se siente culpable de arrastrarla a los departamentos de juguetes y bebés, así como a tiendas de ropa que ella no puede permitirse. Ha organizado con ella veladas mensuales de cine que les proporcionan a ambas una diversión y una satisfacción mucho mayores.

Evita tanto como puedas las mentiras piadosas, causan culpa. ¡Acabarán descubriéndote y tu culpa se convertirá en una montaña! Es mejor que seas enérgico y uses la técnica del «disco rayado» (ver página 132) para los amigos insistentes.

Vuelve a comprobar los planes para evitar malentendidos. ¡Hace un año pasé por una etapa pasajera, cuando no aparecí en tres ocasiones para reunirme con el mismo amigo! La culpa me mortificaba. Ahora siempre envío un mensaje escrito diciendo: *Espero verte el próximo día tal, a tal hora y en tal lugar.* Actúo así después de hacer una cita telefónica y unos cuantos días antes de la fecha prevista para vernos. Asimismo, pongo un recordatorio en mi teléfono y en mi computadora. ¡Hasta ahora, todo ha ido bien desde que inicié esta costumbre!

Mantén unos límites claros si tu amigo es un colega o un cliente. Esto es más fácil de decir que de hacer, pero es fundamental que intentemos hacer lo posible para asegurarnos de que esto suceda. Las amistades en el trabajo entran en problemas cuando, por ejemplo, alguien consigue un ascenso, cuando hay que soltar a un cliente por motivos de negocio o cuando una persona ha de ser despedida. La culpa entra inevitablemente en juego. Tal vez no sea racional, pero sigue siendo difícil de sentir y de tratar con ella. Necesitarás establecer límites incluso más firmes durante un tiempo. Puede ser también mejor disminuir o cesar el contacto de amistad durante un periodo inicial hasta que ambos tengan tiempo de asentarse en su nueva relación laboral. De no actuar así, los sentimientos podrían inmiscuirse en su trabajo y empeorarlo todo. Si eres tú quien siente la culpa, analízala usando el Kit de reparación DGECG (ver capítulo 5) y habla de tus sentimientos con un amigo que tenga la mente despejada. Cuando vuelvas a ver a tu colega como amigo, analiza tu relación; no evites hacerlo aunque resulte tentador. Necesitas revisar tus expectativas y tus líneas fronterizas. No hables de la culpa. La persona que la siente debería ocuparse de ella fuera de la relación. Es problema suyo. Las enmiendas no son probablemente las adecuadas, ¡pero celebrar la renovación de una amistad sí que lo es!

Si has hecho algo a sabiendas de que está mal, reconócelo rápidamente, los resultados de no hacerlo son ingredientes básicos para películas, obras de teatro y dramas televisivos; pero aun así, ¿quién aprende? No me estoy refiriendo a romper algún que otro vaso cuando ayudamos a quitar la mesa, o incluso a salpicar vino tinto en su alfombra china. Estas pequeñas faltas producen culpa, pero son relativamente fáciles de tratar. La mayoría de nosotros las reconocería y las enmendaría lo mejor que pudiera. Yo estaba hablando de hacer algo que, sin duda, podría molestar o herir a tu amigo —y desde luego lo hará—, y después sentirte tan culpable que fueses posponiendo tu confesión. La gravedad de esto variaría y podría ser perdonable o no. Los ejemplos cotidianos serían traicionar la confianza, darle una bofetada a uno de sus hijos o tener una aventura de una noche con su pareja. Por mal que estén estas cosas, la demora y ...*seguir adelante como si no hubiera ocurrido nada* es lo que más duele a un amigo. Esto puede producirle al ofensor una insostenible carga de culpa. Presenta una disculpa confiada tan pronto como puedas. Usa mi estrategia que aparece en la página 103 para hacer que fluya la conversación.

Da a estas amistades el tiempo real que necesiten. Hoy día, la mayoría de nosotros nos comunicamos muchísimo con nuestros amigos por la vía electrónica. Esto es así sobre todo si, como yo, estás continuamente de viaje. Opino que la comunicación electrónica es responsable de muchos embrollos. Las personas me piden constantemente que lea entre las líneas de los mensajes de texto y los correos electrónicos que me han enviado. Confieso que intento hacerlo hasta en mis comunicaciones personales de este tipo.

Sin embargo, y de una forma más importante, el tipo de amistades que necesitamos para ayudarnos unos a otros con la culpa y para tratar con los problemas difíciles exigen, en mi opinión, que nos veamos en persona tan a menudo como nos sea posible. Es necesario que palpemos los sentimientos de cada uno, nos toquemos, nos tomemos del brazo, nos abracemos y, en ocasiones, tan solo nos sentemos juntos en silencio. Los nuevos medios de comunicación electrónica a través de las redes sociales y las videollamadas son un gran invento y suplen algunas necesidades importantes; sin embargo, nunca he conocido a nadie que las encuentre tan satisfactorias o vinculantes como las reuniones reales.

Si tus cables se enredan de manera persistente, corta por lo sano.
Me temo que no hay forma indolora de hacerlo. Tienes que actuar con rapidez y firmeza. Empieza con una apreciación; di que la relación ya no está funcionando para ti y que te vas a retirar. No entres a dar explicaciones: se malinterpretarán y causarán más dolor. Tampoco empieces a echarles la culpa a ellos ni a ti. Permanece centrado en el hecho de que la relación no te beneficia (¡aunque prometan que a ellos sí!).

¿Resulta difícil? Lo es. Pero en mi experiencia sigue siendo la mejor forma para que ambos puedan seguir adelante. Después de esto, date un pequeño capricho y comparte la experiencia con alguien que te entienda ¡y que no crea que deberías sentirte culpable!

Si ahora estás pensando que no podrías imaginar jamás hacer esto cara a cara, no pasa nada si lo haces por escrito. Es mejor que nada. Escoge una tarjeta de felicitación adecuada y envíala por correo. Nunca lo hagas vía mensaje de texto. Si te encuentras al otro extremo del mundo, usa el correo electrónico o el correo tradicional.

Cómo usar la estrategia de las tres P para decirle «No» a un amigo que agota tu energía

Muchas de las técnicas y estrategias que he incluido en este libro te ayudarán a desarrollar y gestionar cara a cara las amistades que necesitas. Pero existe un problema entre amigos sobre el que me suelen pedir consejo en mayor medida que en otros. Hasta a las personas más confiadas les resulta muy difícil decir «No» a sus amigos.

Las personas que sienten más culpa suelen ser amables y sensibles. Les preocupan los sentimientos y el bienestar de los demás. Son el tipo de persona que otros quieren como amigos, de manera que siempre tienen muchos. Y esto hace que se sientan permanentemente culpables, por no dedicarles suficiente tiempo. Como siempre están dispuestos a escuchar, son las personas a las que se acude cuando alguien necesita ayuda. Rara vez se niegan. Y cuando no les queda más remedio que *hacerlo*, se sienten culpables por esto también. Harán lo imposible por arreglarlo, dedicándoles más tiempo del habitual.

¿Qué tiene esto de malo?, podrías preguntar. Nada, por supuesto, siempre que no se convierta en la historia de tu vida. Tristemente, suele ocurrir. Puedes verte atrapado por tu «amabilidad» y tu temor a la culpa. Puedes pasar tanto tiempo con amigos que te agotan que ya no te quede tiempo para estar con otros que te proporcionen energía. Yo no era la excepción, y en ocasiones todavía lucho contra este problema. El siguiente ejemplo ilustra mi método favorito de tratar con esta costumbre autosaboteadora.

MI HISTORIA DE «DECIR QUE NO»:

Me voy a mi casa de España para un merecido descanso. Jill, una amiga, me telefonea. No es alguien con quien me sienta particularmente cercana. Puede ser divertida, pero es demasiado bulliciosa y, en realidad, no me apetecía pasar un día de mi preciado tiempo de reposo con ella. Tengo otras amigas, más íntimas, a quienes quería ver y con quienes necesitaba ponerme al día. Tan pronto como mencionó que vendría a Sevilla por primera vez y que le encantaría que nos viéramos, supe que necesitaría echar mano de mi **Estrategia de las tres P.** (Ya te hablé de ella con anterioridad, en la página 101).

1. Prórroga

Acción: Evita responder a la petición. Crea más tiempo para pensar y preparar tu respuesta.

> Jill: Hola, Gael. Me he enterado de que irás a tu casa, cerca de Sevilla, a pasar unas cuantas semanas en diciembre. He reservado unas vacaciones allí en la misma fecha. ¡Estoy tan entusiasmada! No he estado nunca allí. Estaba pensando que podríamos vernos y me podrías mostrar los lugares turísticos de interés más recónditos, y te invitaré a comer.
>
> Gael: Jill, ¿puedo llamarte mañana por la mañana? Ahora no puedo hablar.
>
> Jill: Está bien. Estaré disponible de nueve a diez de la mañana.
>
> Gael: Estupendo. Mañana hablamos.

2. Preparación

Acción: Piensa en los rasgos de personalidad relevantes de la otra persona y en sus sentimientos. Piensa en tus propias necesidades y sentimientos.

> Mis notas mentales: Jill es muy persuasiva. Se va a sentir tan decepcionada, y yo estaré triste por ella. Debo mantenerme enfocada en mi necesidad de tener unas vacaciones <u>tranquilas</u>. Jill es divertida, pero muy bulliciosa. Debo resistirme a rescatarla pidiendo a otra persona que se reúna con ella: en realidad es una viajera experimentada. No consultó conmigo antes de reservar este viaje. Tengo derecho a decir que «No». Mis demás amigas de allí son mi prioridad.
>
> Me resultaría muy fácil ceder, de modo que decido recurrir a la técnica del «Disco rayado» para que me ayude a persistir en mi decisión (ver página 132). Deberé empatizar con su decepción.
>
> Debo, asimismo, hacer unos cuantos estiramientos rápidos, unas respiraciones profundas y asegurarme de haber desayunado antes de llamar. No quiero sentirme irritada.

3. Práctica

Acción: Escoge tu frase de «Disco rayado» (si es la estrategia que has escogido).

Escribe primero lo que dirás y después planea tus respuestas a cualquier cosa que tu amiga pueda contestar. Realiza algunos estiramientos de relajación y respira profundamente antes de hablar. Debes relajarte para sonar confiada y convincente. Ensaya lo que has planeado decir, usando un tono enérgico y confiado.

Así es como usé una frase de «Disco rayado» (en este ejemplo, **«tengo que decir que no»**):

Gael: Hola Jill. ¡Me alegra saber que has reservado un viaje a Sevilla! Sé que te encantará.

Jill: Sí, me alegra que tú también vayas a España en esa fecha. Me encantaría ver la «verdadera» ciudad y no solo los lugares típicos para turistas. Lo más probable es que acabe perdiéndome si intento pasear por ahí yo sola.

Gael: Jill, yo voy a España para descansar, así que esta vez **tendré que decirte que no.**

Jill: ¡Oh no! Contaba con verte allí. Hace siglos que no nos ponemos al día. John conoce Sevilla, pero no puede acompañarme. Seguro que podrás salir aunque solo sea por una noche. Te invitaré al hotel y a cenar. Está en un enclave muy apacible.

Gael: Es muy amable por tu parte, pero aun así **tengo que decir que no.**

Jill: Podemos tomárnoslo con mucha tranquilidad, y sé que te encanta Sevilla.

Gael: Es una hermosa idea y un generoso ofrecimiento. Imagino que te sentirás decepcionada, pero sigo **diciendo que no.**

Jill: ¿Cuándo vuelves? Tal vez pueda pasar a verte un día.

Gael: Jill, me temo que también **tengo que decir que no** a eso. Quiero tener un buen descanso.

Jill: Bueno, la verdad es que <u>me siento</u> decepcionada, ¡pero no te preocupes! Disfruta de tu descanso. Sé que te lo mereces. Imagino que sobreviviré estando sola en Sevilla. ¡Quizás podamos vernos en Londres en algún momento, el año que viene!

Gael: Muy bien. Cuando tenga algún tiempo libre te lo haré saber. Disfruta de Sevilla, Jill.

DISCO RAYADO

Es el nombre de una técnica de firmeza que consiste en repetir una breve frase clave una y otra vez, hasta que la persona acepte tu punto o te dé lo que quieres, o alcances un compromiso que puedas aceptar.

- Escoge una breve frase clave que resuma el mensaje principal que quieres transmitir.
- Cada vez que la otra persona diga algo para persuadirte y que cambies de opinión, repite tu frase.
- Puedes usarla sola o «suavizar» tu mensaje un poco envolviendo una breve frase en torno a ella. También puedes variar una o dos palabras para que no parezcas un loro.
- Cuando la uses con un amigo o alguien de una posición de poder inferior, resultaría sensible y amable de tu parte incluir también una frase de empatía que muestre que has pensado en sus sentimientos y/o situación.
- No te dejes confundir por comentarios dirigidos a apelar a tu conciencia, seducirte o amenazarte.
- No respondas a preguntas innecesarias o reveladoras.
- Asegúrate de que tu lenguaje corporal, incluido tu tono de voz, transmita confianza.

EJERCICIO: LAS TRES P Y EL DISCO RAYADO

- Escoge un ejemplo de petición que suponga un reto de la vida real para ti. O piensa en una hipotética. Trabaja los dos primeros pasos de las tres P, incluido el escribir un guion de Disco rayado.
- Prueba el guion con un amigo, o usa dos sillas, una para tu amigo y otra para ti. Ve pasando de una a otra conforme vayas siguiendo el guion. Cuanto más practiques estas sesiones, más fácil te resultarán en la vida real.
- Poco después de haber usado tu Disco rayado en la vida corriente, ¡date una recompensa! Has hecho algo muy difícil.

Si es muy doloroso para ti criticar a tus amigos, entonces no está mal si lo haces; pero si encuentras aunque sea un poquito de placer en hacerlo, es el momento de cerrar la boca.

ALICE MILLER, PSICOTERAPEUTA Y ESCRITORA

Cómo actualizar mi red de amistades cara a cara

Finalmente, como dije antes, nuestros círculos de amistades están en constante evolución y la culpa es una gran prueba para la amistad. Si empiezas a sentir que no pareces contar con personas suficientes a quienes recurrir, en quienes confiar de verdad y a quienes acudir con tus pensamientos oscuros, es hora de reconsiderar tus amistades.

No esperes hasta necesitar de verdad el tipo de amigos que puedan ayudarte; no será el momento más indicado para salir en busca de uno. Construir algunas de esas clases de amistades es algo que requiere tiempo. Tal vez no tengas que buscar personas completamente nuevas: puede ser que solo necesites pasar más tiempo de calidad con algunos de los que ya conoces. Recuerda, quizás necesites un grupo diverso de amigos que te ayuden y te apoyen cuando te sientas culpable. Este próximo ejercicio aclarará las cualidades y aptitudes específicas que estarás buscando.

EJERCICIO: REVISIÓN DE MIS AMISTADES CARA A CARA

Haz una lista de tus principales amigos cara a cara, anotando lo siguiente junto al nombre de cada uno de ellos:

a) ¿Cuáles son tus principales expectativas de la amistad? ¿Están satisfechas?

b) ¿Piensas que estas expectativas son compartidas o crees que este amigo pueda tener otras diferentes? ¿Es este un tema que podrían debatir juntos?

c) ¿Cuáles son tus principales contribuciones a la amistad? ¿Las aprecia tu amigo?

d) ¿Qué tipos de cuestiones no te parecerían adecuadas para discutir con ellos?

e) ¿Existen algunas cuestiones de culpa pendientes entre ustedes? Si es así, ¿cómo se podrían resolver?

f) Prepárate un plan de acción por escrito (ver plantillas en el capítulo 9). Sé específico sobre lo que necesitas hacer, así como cuándo y cómo lo harás. Si necesitas tiempo adicional para hacer nuevas amistades cara a cara o profundizar las ya existentes, ¿cómo lo encontrarías (p. ej., quizás recortando el tiempo que pasas en las páginas de redes sociales/abandonando una clase a la que asistes/reduciendo el tiempo que dedicas a un *hobby* o un deporte)?

No puedes permanecer en tu rincón en el bosque esperando que otros vengan a ti. Algunas veces eres tú quien tienes que ir a ellos.

DE WINNIE-THE-POO, DE A. A. MILNE

CAPÍTULO 5

El Kit de reparación DGECG

Se trata de una estrategia y un conjunto de herramientas que puedes usar para analizar tu culpa y el plan constructivo de acción. El proceso real de actuar así te ayudará a seguir controlando tus sentimientos de culpa. Esto se debe a que, con el fin de llevar a cabo esta estrategia, necesitarás comprometer el centro del pensamiento lógico de tu cerebro: la región del neocórtex.

Si, en esta fase, no comprometes la parte de tu cerebro pensante de forma consciente y rápida, tu parte del cerebro emocional te obligará a emprender su propio tipo de acción. Desencadenaría la respuesta primitiva lucha/huida/congelamiento que vimos en el capítulo 4. Si sucediera esto, te enojarías y te pondrías a la defensiva, escaparías o no harías nada. Como sabes, las personas que quedan atrapadas en las trampas de la culpa no suelen actuar (es decir, se «congelan»). Por ello quedan atascadas con sus sentimientos de culpa.

Por lo general, la respuesta de la lucha nos hace culpar a los demás:

- *El líder era él; yo solo seguía sus órdenes.*
- *No debería haberme mirado así. Usted empezó.*
- *Si hubieras quitado la bicicleta de en medio, como debías, yo no la habría hecho pedazos.*
- *Ahora nunca estás aquí; ¿te sorprende que me dejara seducir con tanta facilidad?*
- *Si soy egoísta, ¿de quién es la culpa? ¡Tú me has criado!*

La respuesta de la huida (es decir, la negación o la disociación de los seres humanos de hoy) puede resolver el problema temporalmente. Pero como vimos cuando consideramos la culpa disfrazada, en el capítulo 2, esto puede causar estragos en nuestra salud física o psicológica. Existe, asimismo, el peligro de poder reventar en sarcasmo y enojo. Así causaría un perjuicio similar a la respuesta de la lucha.

El resultado de la respuesta del congelamiento (con frecuencia causado por la culpa contenida, es decir, ser consciente de algo pero no hacer nada al respecto, o la culpa disfrazada, a saber, la negación) es algo que, probablemente, los lectores de este libro ya conocerán demasiado bien. La experiencia nos ha enseñado que cuando más escondemos la culpa, más difícil resulta «sacarla» a la superficie. Habrá carencia de misericordia, por culpa de nuestro engaño. Por tanto, nuestro «castigo» será mucho mayor que el que merecía originalmente nuestro «pecado». Nuestra relación con la persona a la que herimos puede llegar a ser también irreparable. La ruptura de la confianza es extremadamente difícil, y a menudo imposible de reparar. Usar el Kit reparador DGECG es una opción más positiva, como espero que convendrás.

Ganar tiempo

Como con la mayoría de las estrategias para resolver problemas en los que las emociones se desbordan, es necesario que primero ganemos tiempo para ser capaces de usar el kit. Puedes hacerlo siguiendo estos tres pasos:

1. **Discúlpate:** *Lamento de veras haberte herido/roto el plato/hacerte de menos/no haber cumplido nuestra promesa/roto el contrato/engañado durante tanto tiempo/no haberte visitado desde hace tanto/que el proyecto no fuera el éxito que esperábamos.*
2. **Pospón:** *Necesito acabar lo que estoy haciendo/reunir cierta información/tener tiempo contigo a solas/analizar el problema con mi jefe y mis colegas antes de hablar sobre esto.*
3. **Reorganiza:** ¿Podemos concretar una hora para hablar más tarde?/Estoy disponible mañana por la mañana o el sábado/podemos analizarlo a fondo en nuestra reunión.

Dependiendo de la complejidad o la gravedad del problema, usar el Kit reparador DGECG puede requerir varios minutos, horas o días. ¡En manos de las organizaciones de la culpa, las estrategias similares pueden llevar meses o incluso años (para una práctica fraudulenta, vertido de petróleo o averiguaciones de guerra, por ejemplo)!

Obviamente, si piensas que llevará más tiempo del que la persona herida desea, necesitarás de nuevo reunir tus aptitudes de autoafirmación. Podrías usar **un guion** (página 103) para ayudarte a iniciar la negociación. No olvides empatizar con su frustración y destacar el lado positivo de realizar una concienzuda investigación Si **siguen** insistiendo en sus intentos de hablar de inmediato, limítate a usar la **estrategia del Disco rayado** (página 132) hasta que cesen. (¡Lo harán!).

Visión general del Kit de reparación DGECG

En el kit encontrarás cinco plantillas de trabajo. Antes de la preguntas se presenta un resumen de la tarea general que se va a realizar cuando se rellene cada una de ellas. A continuación se proporcionan ejemplos de cómo se han usado las plantillas para analizar y planificar la acción para un par de problemas de culpa. Una vez que te hayas acostumbrado a usar los cinco pasos del DGECG no deberías necesitar ya las plantillas, a menos que la cuestión sea bastante complicada. La idea consiste en que uses el kit para establecer un nuevo y buen hábito de gestionar tu culpa. Este reemplazará al hábito malo que ha estado atrapando la culpa dentro de ti.

Tras mi explicación del proceso, te daré algunos ejemplos de cómo puedes usar el kit con un número de problemas de culpa diferentes.

El término DGECG es un mnemotécnico que te ayudará a recordar estas cinco etapas:

1. **D**años evaluados
2. **G**ráfico circular de responsabilidad
3. **É**tica revisada
4. **C**ompensaciones organizadas
5. **G**estión de los sentimientos (herramientas)

Se puede utilizar el kit para cualquier tipo de culpa. Puede tratarse de:

a) algo que tú <u>sepas</u> que has hecho o que hayas omitido hacer y estuviera mal;

b) una ofensa u omisión de la que te <u>consideras parcialmente</u> responsable;

c) algo que te preocupa, porque quizás <u>deberías merecer</u> sentirte culpable por una acción o no acción del pasado;

d) algo que <u>merecerías</u> si hicieras u omitieras hacer algo en el futuro;

e) algo que <u>otra persona</u> a quien estuvieras ayudando (como tu hijo o un amigo) ha hecho o no.

Con el fin de mantener un lenguaje simple y conciso para la estrategia, he escrito las explicaciones y las plantillas siguientes como si estuviéramos tratando el tipo A. Si quisieras usar una plantilla para cualquiera de las demás opciones solo necesitarías cambiar parte de la redacción. Por ejemplo, para usarla con el tipo C podrías modificar «**Tarea:** Evaluar el daño que **se ha** hecho...» por: «**Tarea:** Evaluar el daño que **podría haberse** hecho...».

Las tareas de los cinco pasos siguen siendo básicamente las mismas para todos los tipos de culpa, incluso cuando la acción que emprendas para ocuparte de ellas pueda ser diferente.

PLANTILLAS

Al completar tus respuestas en estas plantillas, marca cualquier hecho o sentimiento que no haya sido, o no pueda ser demostrado con un signo de interrogación. De manera alternativa, podrías limitarte a resaltar los hechos.

Recuerda, estas plantillas son exclusivamente para <u>tu uso personal</u>. No estamos siendo interrogados en un tribunal de justicia; solo estás haciendo «estimaciones aproximadas» que te ayuden con la tarea de gestionar <u>tu</u> culpa.

Plantillas del Kit de reparación DGECG

1. Daños evaluados

Tarea: Evaluar el daño que se ha hecho como resultado de la ofensa. Podría ser un hecho o algo que hayas supuesto, escuchado o leído.

Anota de la manera más específica que puedas el daño que se ha hecho, o que se hará. Podría ser a ti o a otra persona, propiedad u otras cosas.

a) Físico (p. ej., una herida o el daño a un auto, a un objeto amado, etc.).

....

....

....

....

b) Psicológico (p. ej., autoestima, sensación de seguridad, soledad, reputación).

....

....

....

....

c) Financiero (p. ej., pérdida de dinero u objeto de valor).

....

....

....

....

d) Algún otro.

....

....

....

....

....

....

....

2. Gráfico circular de responsabilidad

Tarea: Evaluar con tanta precisión como puedas tu parte de responsabilidad por la ofensa. Para ayudarte a tal menester, primero necesitarás considerar la responsabilidad que otras personas y factores puedan compartir.

a) Enumera a las personas implicadas en una lista (o a los grupos de personas, como un departamento o una familia). Su implicación podría ser directa (p. ej., un colega o hermano) o indirecta (p. ej., un accionista o tu supervisor).

....
....
....
....
....
....
....
....

b) Enumera los demás factores que también puedan haber tenido parte (p. ej., el tiempo, la austeridad, el caos del tráfico).

....
....
....
....
....
....

c) Decide el porcentaje de la responsabilidad total atribuible a cada una de las personas o factores implicados.

....
....
....
....
....
....
....

d) Si es posible, habla de esto con un amigo, preferiblemente un pensador lógico (¡en lugar de alguien que se sentiría triste por ti!). Muéstrale tu lista y corrígela si te ha convencido de que pienses de un modo distinto. Si prefieres hacerlo tú solo, escribe una breve descripción de lo sucedido y por qué has distribuido la responsabilidad como lo has hecho. Usa la estrategia del GEE o de las tres C (en páginas 97 y 99) para comprobar que el pensamiento que has usado para escribir la descripción sea racional y no esté siendo desvirtuado por tu culpa.

....

....

....

....

....

....

....

....

....

....

....

....

....

....

....

....

....

e) Ahora, por fin estás listo para dibujar tu gráfico circular. Necesitarás estimar, a grandes rasgos, el porcentaje de responsabilidad que conllevan cada una de las personas y de los factores implicados. No olvides incluirte a ti mismo, ¡claro está! Imagina que tienes que «cortar» un pastel en trozos. Cada uno de ellos reflejará la cantidad de responsabilidad que comparten cada persona o factor por esta ofensa. A continuación haz un dibujo de cada una de las porciones. Hoy día puedes hacer que tu computadora te dibuje el gráfico, o sencillamente puedes trazar el círculo y usar diferentes lápices de colores para cada una de las secciones.

3. Ética revisada

Tarea: Aclara tu comprensión de cuál de tus propios valores no has respetado al meterte en esta ofensa y comprobar si has hecho lo mismo con cualquier otro; a continuación atribuye a tu infracción un índice ético general.

Recuerda la lista de los diez valores que consideraste los más importantes para ti y las tres normas de vida personal que creaste.

a) Anota cuál es de tus propios valores y normas de tu vida personal no se respetaron o se quebrantaron cuando te involucraste en esta ofensa.

....
....
....
....

b) Anota si has dejado de respetar algún código moral organizativo como una ley, el código ético de una compañía, un código religioso o cualquier otro no escrito (p. ej., los valores familiares).

....
....
....
....

c) Anota si al actuar como lo hiciste, o al omitir hacerlo, no respetaste a sabiendas los valores de otra persona. (Ese alguien debería ser una persona por quien sientes respeto, consideración o amor).

....
....
....
....

d) Asígnale a esta ofensa un índice ético general. Por ejemplo, usando una escala del 1 al 10, si has sido muy poco ético podrías marcar 2/10, o si tu brújula moral no se ha alejado demasiado del centro, la valoración podría ser 8/10.

....
....

4. Organizar las compensaciones

Tarea: Evaluar posibles formas en que podrías compensar a la(s) víctima(s) de tu ofensa. Esto puede incluir, en primer lugar, averiguar directamente de la víctima o de alguien que la conozca bien, qué tipo de compensaciones serían adecuadas y aceptables.

a) Vuelve a leer tus notas sobre el primer paso, la evaluación del **Daño**. Apunta tus propias ideas para compensar cada tipo de perjuicio.

....
....
....
....

b) Consulta tu **G**ráfico circular de responsabilidad del paso dos. Si otros son en parte responsables de la ofensa, anota si hay algo que tú puedas hacer para asegurarte de que se ocupen de su parte de responsabilidad (p. ej., háblales, haz campaña en favor del cambio, etc.).

....
....
....
....

c) Debate tus ideas con un amigo que pueda ser capaz de añadir algunas ideas más.

....
....

d) Prepara una propuesta concisa para tu víctima. Debería incluir una **disculpa,** tus **ideas de compensación,** pedirle su opinión e **ideas alternativas o adicionales** y, finalmente, una **expresión positiva de esperanza** de que estas vayan de algún modo dirigidas a recompensar para que puedas seguir adelante.

Tu propuesta inicial no debería aludir a la responsabilidad de otros por la ofensa. Si tus compensaciones incluyen intentar conseguir que los demás se ocupen de su responsabilidad, es mejor tratar esto más adelante.

....
....

5. GESTIÓN DE LOS SENTIMIENTOS (HERRAMIENTAS)

Tarea: Aclarar qué sentimientos residuales puedes tener respecto a tratar esta cuestión, ahora o en el futuro. La identificación de las estrategias y las herramientas que puedes usar para ayudarte a gestionarlos.

a) Anota cualquier sentimiento adicional, aparte de la culpa, que puedas tener justo ahora.

....
....
....
....
....

b) Anota cualquier sentimiento que puedas tener cuando presentes tu propuesta de compensaciones a la víctima.

....
....
....
....
....

c) Anota cualquier sentimiento que pudieras tener cuando sigas adelante y dejes atrás este incidente.

....
....
....
....
....

d) Anota las herramientas o estrategias que podrías usar para ayudarte a gestionar estos sentimientos. Si están en este libro, anota el número de la página junto a cada una de ellas.

....
....
....
....
....

El Kit de reparación DGECG: Ejemplo 1

Angie es una madre trabajadora y divorciada con dos hijas adolescentes, Trish de quince años y Arabella de diecisiete. Hace un par de meses, las chicas estaban pasando un fin de semana con su padre. Mientras limpiaba la habitación de Arabella, Angie encontró un trozo de papel con un nombre raro y el código de una contraseña. Decidió apuntar estas cosas. Se dijo que si alguna vez sospechaba algo o se preocupaba por su hija podría necesitarlos. ¡Después de todo, circulaban tantas historias sobre muchachas engañadas en la Internet!

El siguiente sábado por la noche, las dos chicas habían salido y Angie vio que Arabella había dejado su portátil en la sala. Durante toda la semana había estado pensando en la contraseña que había encontrado. Se le habían ocurrido unas cuantas posibilidades, y no podía resistirse a probarlas en la computadora. Una de sus conjeturas era correcta. Entre las páginas web que figuraban en el historial del portátil, encontró un sitio de chat de adolescentes. El nombre y la contraseña funcionaron, de modo que fue navegando por las conversaciones de su hija. No encontró nada que la inquietara y cerró la computadora con bastante premura.

Sin embargo, a lo largo de la siguiente semana, la culpa de Angie por haber hecho lo que hizo empezó a obsesionarla. La confianza entre ella y su hija era un tema constante en sus conversaciones, y ahora había sido ella quien la había quebrantado y no sus hijas, como siempre había temido. Tras conversar con una buena amiga, Angie decidió que tenía que confesárselo a Arabella. Utilizó el Kit de reparación DGECG de la manera siguiente:

1) DAÑO EVALUADO

Tarea: Evaluar el daño que se ha hecho como resultado de la ofensa. Podría ser un hecho o algo que hayas supuesto, oído o leído.

Apunta de la forma más específica posible el perjuicio que se ha hecho, o que se hará. Podría ser a ti mismo o a otra persona, propiedad o cosas.

a) Físico (p. ej., una herida o un daño a un auto, a un objeto amado, etc.).

...............N/A...
....
....
....

b) Psicológico (p. ej., la autoestima, la sensación de seguridad, la soledad).

Mi autoestima; la confianza entre mis hijas y yo, en particular Arabella. ....
....
....
....
....

c) Financiero (p. ej., pérdida de dinero u objeto valioso).
...............N/A...
....
....
....

d) Cualquier otro.

...............N/A...
....
....
....

2) GRÁFICO CIRCULAR DE RESPONSABILIDAD

Tarea: Evaluar con la mayor precisión que puedas tu parte de responsabilidad por la ofensa. Para ayudarte a hacerlo, primero deberás evaluar la responsabilidad que pueden compartir otras personas y otros factores.

a) Enumera a las personas (o grupos de personas, como un departamento o una familia) que estuvieron implicadas. Podrían estar implicadas directamente (p. ej., un colega o hermano) o de manera indirecta (p. ej., un accionista o tu supervisor).

................N/A...

....

....

....

b) Haz una lista de factores que también puedan haber desempeñado un papel (p. ej., el tiempo, la austeridad, el caos del tráfico).

¿Acaso el divorcio me ha hecho sobreprotectora? Las historias de la Internet, las personas que la usan para engañar a las jovencitas. Los medios de comunicación por exagerar las historias. He estado pensando mucho en todo ello ......

....

....

....

c) Decide el porcentaje de la responsabilidad total atribuible a cada una de las personas o factores implicados.

Divorcio: 5% ... Historias de los medios de comunicación: 10% ...... Yo: 85%

....

....

....

d) Si es posible, conversa sobre esto con un amigo, preferiblemente un pensador lógico (¡mejor que alguien que solo se sentirá apenado por ti!). Muéstrale tu lista y corrígela si te convence para que pienses de un modo distinto. Si prefieres hacerlo por tu cuenta, escribe una breve descripción de lo ocurrido y la razón por la que has prorrateado la responsabilidad como lo has hecho. Usa las estrategias GEE o la de las tres C (ver páginas 97 y 99) para comprobar que la forma de pensar que has usado para hacer la descripción es racional y no está siendo distorsionada por la culpa que sientes.

Hablaré con mi amiga Moira; tiene hijos adolescentes y, sin embargo, siem-
pre está tan tranquila y confiada ....
....
....
....

e) Ahora, finalmente, estás listo para dibujar tu Gráfico circular. Deberás estimar, en líneas generales, el porcentaje de responsabilidad de cada una de las personas y de los factores implicados. ¡Por supuesto, no olvides incluirte a ti mismo! Imagina que tienes que «cortar» un pastel en trozos. Cada uno de ellos reflejará la cantidad de responsabilidad que cada persona o factor comparte en esta ofensa. A continuación, haz un dibujo que muestre el tamaño de cada porción. Hoy día, cualquier computadora puede hacer este gráfico, o sencillamente puedes trazar un círculo y usar bolígrafos de distintos colores para cada una de las secciones.

3) Ética revisada

Tarea: Aclarar tu comprensión de cuál de tus propios valores no has respetado cuando te involucraste en esta ofensa, y comprobar si has hecho lo mismo con cualquier otro; a continuación atribuye un índice ético general al mal realizado.

a) Anota cuál de tus propios valores y normas de tu vida personal no se han respetado cuando te implicaste en esta ofensa.

Quebranté mi regla número 1: Mantener una relación de calidad con mis hi-
jas. La sinceridad y la confianza son valores fundamentales para mí...............
....
....
....

b) Anota si también faltaste a cualquier código moral organizativo, como una ley, el código ético de una compañía, un código religioso o un código no escrito (p. ej., valores familiares).

.............N/A..
....

c) Anota si al hacer lo que hiciste, o lo que omitiste hacer, no estabas respetando a sabiendas los valores de otra persona. (Debería ser alguien por quien sientas respeto, consideración o amor).

Arabella... y, de forma indirecta, Trish. ....

....

....

....

d) Asígnale a esta ofensa un índice ético general. Por ejemplo, usando una escala del 1 al 10, si has sido demasiado poco ético, o si tu brújula moral no se ha alejado demasiado del centro, tu puntuación ética podría ser 8/10.

5/10 ....

....

....

....

4) COMPENSACIONES ORGANIZADAS

Tarea: Evaluar posibles maneras en que podrías compensar a la(s) víctima(s) de su ofensa. Esto podría incluir, en primer lugar, averiguar directamente de la víctima o de alguien que la conozca bien, qué tipos de compensaciones serían adecuadas y aceptables.

a) Vuelve a leer tus notas sobre el primer paso, el **D**año evaluado, y anota tus propias ideas para hacer las compensaciones para cada tipo de perjuicio.

Llevar a Arabella a Londres a pasar una noche y ver un espectáculo, e ir de compras. Tener tiempo para hablar y enfatizar mi pesar, y prometerle no volver a hacerlo. Decirle cuánto confío en ella y lo afortunada que me siento de poder hacerlo. ....

....

....

b) Mira tu **G**ráfico circular de responsabilidad del paso dos. Si otros son responsables, en parte, de la ofensa, anota si hay algo que puedas hacer para asegurarte de que se ocupen de su parte de responsabilidad (p. ej., habla con ellos, haz una campaña a favor del cambio, etc.).

Inicia un debate en mumsnet.com sobre el problema de las historias de captación de menores y el temor que crean. ....
....
....

C) Discute tus ideas con un amigo que pueda agregar algunas ideas más.

Almorzar y hablar con Moira. ....
....
....
....

d) Prepara una propuesta concisa para tu víctima. Debería incluir una **disculpa,** tus **ideas para la compensación**, la petición de que den su opinión, **ideas alternativas o adicionales,** y, finalmente, una **expresión positiva de esperanza** de que esto se vaya acercando a la reparación y puedas seguir adelante.

Tu propuesta inicial no debería aludir a la responsabilidad de otros en la ofensa. Si tus compensaciones han incluido el intentar que otros se ocupen de su propia responsabilidad, este asunto se abordará más adelante.

Lo siento cariño, pero quiero decirte que he hecho algo que no debería haber hecho nunca. Encontré la contraseña de tu chat de adolescentes y el sábado pasado lo usé para echar un breve vistazo a tus conversaciones... Sé que te he herido y que tienes derecho de sentirte enojada. De veras me siento muy culpable. Aunque sé que no es el momento, quiero encontrar la forma de compensarte. Te amo muchísimo y estoy decidida a reconstruir tu confianza en mí. ....
....
....
....

5. Gestión de los sentimientos (herramientas)

Tarea: Aclarar qué sentimientos residuales puedes tener respecto a tratar esta cuestión ahora o en el futuro. Identificar las estrategias y herramientas que puedes usar para ayudarte a gestionarlas.

a) Anota cualquier sentimiento adicional, aparte de la culpa, que tengas ahora mismo.

Temor a haber dañado permanentemente mi relación con ambas chicas ....
....
....
....

b) Anota cualquier sentimiento que puedas tener al presentarle tu propuesta de compensación a la víctima.

Estará muy enojada y no querrá escucharme... Usaré un guion que me ayude a asegurarme de ser concisa. Es posible que tenga que intentarlo un par de veces si se marcha y no quiere hablar....
....
....

c) Anota cualquier sentimiento que pudieras tener al dejar atrás este incidente.

Podría tardar mucho tiempo en recuperar la relación que tenía con Arabella. Quizás empiece a deprimirme por ello ....
....
....

d) Anota las herramientas y las estrategias de las que te podrías servir para gestionar estos sentimientos. Si están en este libro, apunta el número de página junto a cada uno.

Usa las estrategias del pensamiento negativo (páginas 92–100) y las tranquilizantes (páginas 112–118) ....
....
....

El Kit de reparación DGECG: Ejemplo 2

Brian se estaba poniendo al día con un amigo de la universidad, James, quien le dijo que estaba solicitando un nuevo trabajo que, según había oído por un contacto, estaba al salir. A lo largo de los siguientes días,

Brian se preguntó si debería presentarse él también y ofrecerse para el puesto. En la actualidad trabajaba para una empresa de contables más prestigiosa que aquella en la que James prestaba sus servicios. Sabía, por tanto, que su solicitud podría ser tratada de un modo más favorable. Tras luchar con la idea de decírselo a James, no lo hizo. Pensó que afrontaría las consecuencias si lo preseleccionaban.

Una semana después, recibió un correo electrónico de James comunicándole que se había enterado de que alguien de la empresa de Brian había solicitado el trabajo y preguntándole si sabía de quién se trataba.

Después de hablarlo con su esposa, Zelda, Brian decidió que tenía que telefonearle a James. Se prometió hacerlo en el fin de semana. Mientras tanto, recibió una llamada de la empresa ofertante en la que se le pedía que acudiera para una entrevista. Había sido preseleccionado. Brian se sintió aún más culpable. Pasó un par de días muy incómodo, peleando con su conciencia y discutiendo con su mujer respecto a si debería retirar su solicitud. Decidió hacerlo. Zelda estaba furiosa. Habían decidido intentar tener un hijo y ella le dijo que necesitarían ese dinero extra. Tachó a Brian de cobarde y le dijo que, de todos modos, no tenía una amistad tan estrecha con James.

Más tarde, Brian decidió seguir adelante ya que sabía que Zelda tenía razón sobre la diferencia de dinero que les venía tan bien para el bebé. Pero decidió decirle la verdad a James con la esperanza de poder restaurar su relación. Este es el análisis DGECG que hizo en preparación.

1. Daño evaluado

Tarea: Evaluar el daño hecho como resultado de la ofensa. Podría ser un hecho o algo que hayas supuesto, escuchado o leído.

Anota de la manera más específica posible el perjuicio ya causado, o que se producirá. Podría ser a ti mismo o a otra persona, a la propiedad u otras cosas.

a) Físicas (p. ej., una herida, un daño causado a un automóvil, a un objeto amado, etc.).

Mis dolores de cabeza tensionales..
....
....

b) Psicológicos (p. ej., autoestima, sensación de seguridad, soledad).

Autoestima y confianza; inseguridad respecto al matrimonio después de este choque de valores con Zelda..
....
....

c) Financieros (p. ej., la pérdida de dinero o de un objeto de valor).

.................N/A...
....
....
....

d) De cualquier otra índole.

La ruptura de la amistad; un perjuicio posible a la reputación ya que el mundo de la contabilidad local es pequeño ....
....
....
....

2. Gráfico circular de responsabilidad

Tarea: Evaluar con tanta exactitud como puedas tu parte de responsabilidad en la ofensa. Será necesario que evalúes la responsabilidad que otras personas y factores puedan tener.

a) Confecciona una lista de personas (o grupos de personas, como un departamento o una familia) que estuvieran implicadas. Su involucración podría ser directa (p. ej., un colega o un hermano) o indirecta (p. ej., un accionista o tu supervisor).

Zelda ....
....
....

b) Enumera otros factores que puedan haber tenido su parte también (p. ej., el tiempo, la austeridad, el caos del tráfico).

La presión financiera, políticas de austeridad: los incrementos salariales son gravemente reducidos; falta de oportunidades promocionales ....

....

....

c) Decide el porcentaje de la responsabilidad total atribuible a cada una de las personas o factores implicados.

Zelda: 15%... Austeridad: 10%... Recortes empresariales: 10%... Yo: 65%.........

....

....

....

d) Si es posible, habla sobre esto con un amigo, preferiblemente un pensador lógico (¡y no alguien que se sienta triste por ti!). Si prefieres hacerlo por tu cuenta, escribe una breve descripción de lo ocurrido y la razón por la que has prorrateado la responsabilidad como lo has hecho. Usa las estrategias GEE o la de las tres C (páginas 97 y 99) para comprobar que la forma de pensar que has usado para hacer la descripción es racional y no está siendo distorsionada por la culpa que sientes.

e) Ahora, finalmente, estás listo para dibujar tu Gráfico circular. Deberás estimar, en líneas generales, el porcentaje de responsabilidad de cada una de las personas y de los factores implicados. ¡Por supuesto, no olvides incluirte a ti mismo! Imagina que tienes que «cortar» un pastel en trozos. Cada uno de ellos reflejará la cantidad de responsabilidad que cada persona o factor comparte en esta ofensa. A continuación, haz un dibujo que muestre el tamaño de cada porción. Hoy día, cualquier computadora puede hacer este gráfico, o sencillamente puedes trazar un círculo y usar bolígrafos de distintos colores para cada una de las secciones.

3. ÉTICA REVISADA

Tarea: Aclarar tu entendimiento respecto a tus propios valores que despreciaste al cometer esta ofensa, y comprueba si no has irrespetado algún otro; a continuación, atribúyele a la ofensa un índice ético.

Recuerda la lista de diez valores que consideraste más importantes para ti y las tres normas de vida personal que no respetaste cuando perpetraste esta ofensa.

a) Anota cuál de tus propios valores y normas de tu vida personal han sido irrespetados cuando te implicaste en esta ofensa.

La lealtad y el valor siempre han sido valores fundamentales para mí ....
....

b) Anota si también faltaste a cualquier código moral organizativo, como una ley, el código ético de una compañía, un código religioso o un código no escrito (p. ej., valores familiares).

¿No escrito, pero se trataba del esperado código de amistad sobre la lealtad y la confianza? ....
....
....
....

c) Anota si al hacer lo que hiciste, o lo que omitiste hacer, no estabas respetando a sabiendas los valores de otra persona. (Debería ser alguien por quien sientas respeto, consideración o amor).

La confianza de James; él nunca me habría hablado del trabajo si hubiera pensado que me habría comportado así ....
....

d) Asígnale a esta ofensa un índice ético general. Por ejemplo, usando una escala del 1 al 10, si has sido demasiado poco ético, o si tu brújula moral no se ha alejado demasiado del centro, tu puntuación ética podría ser 8/10.

6/10..

4) Compensaciones organizadas

Tarea: Evaluar posibles maneras en que podrías compensar a la(s) víctima(s) de su ofensa. Esto podría incluir, en primer lugar, averiguar directamente de la víctima o de alguien que la conozca bien, qué tipos de compensaciones serían adecuadas y aceptables.

a) Vuelve a leer tus notas sobre el primer paso, el **D**año evaluado, y anota tus propias ideas con el fin de hacer las compensaciones para cada tipo de perjuicio.

Puedo intentar meter a James en la compañía si consigo el trabajo; recomendarle en Linkedin ....

....

....

....

b) Mira tu gráfico circular de **R**esponsabilidad del paso dos. Si otros son responsables, en parte, de la ofensa, anota si hay algo que puedas hacer para asegurarte de que adopten su parte de responsabilidad (p. ej., habla con ellos, haz una campaña a favor del cambio, etc.).

Necesito hablar sobre lo que ocurrió con Zelda. No estábamos al parejo en lo que a nuestros valores se refiere ....

....

....

....

c) Debate tus ideas con un amigo que pueda ser capaz de añadir algunas más.

................N/A..

....

....

....

d) Prepara una propuesta concisa para tu víctima. Deberá incluir una **disculpa,** tus **ideas para la compensación**, la petición de que den su opinión, **ideas alternativas o adicionales,** y, finalmente, una **expresión positiva de esperanza** de que esto se vaya acercando a la reparación y puedas seguir adelante.

Tu propuesta inicial no debería aludir a la responsabilidad de otros en la ofensa. Si tus compensaciones han incluido el intentar que otros se ocupen de su propia responsabilidad, este asunto se abordará más adelante.

....

....
....
....
....

El guion de Brian:

James, te debo una enorme disculpa. Yo soy el solicitante de mi empresa para el trabajo del que me hablaste. Sé muy bien que debería habértelo dicho antes de enviar mi solicitud, pero no me atreví. Eso fue cobarde de mi parte.

De veras que lo lamento y espero poder reparar mi error. Si consigo el trabajo, veré decididamente lo que puedo hacer por ti. Mientras tanto, te estoy recomendando en Linkedin. Sé que solo son nimiedades después de haber sido tan desleal. Te ruego que me hagas saber si hay alguna otra cosa que pueda hacer por ti. Desde luego te debo una, y no lo olvidaré. Esto me ha enseñado una gran lección. Por ello, espero que podamos volver a reunirnos de nuevo como amigos.

5. GESTIÓN DE LOS SENTIMIENTOS (HERRAMIENTAS)

Tarea: Aclarar qué sentimientos residuales puedes tener respecto a afrontar esta cuestión ahora o en el futuro. Identificar las estrategias y herramientas que puedes usar para ayudarte a gestionarlas.

a) Anota cualquier sentimiento adicional, aparte de la culpa, que tengas ahora mismo.

Una autoconfianza temblorosa, y decepción conmigo mismo ....
....
....
....
....
....
....

b) Anota cualquier sentimiento que puedas tener al presentarle tu propuesta de compensación a la víctima.

Culpa y vergüenza ....
....
....
....

c) Anota cualquier sentimiento que pudieras tener al dejar atrás este incidente.

¡Alivio! Pero cierta angustia sobre mi matrimonio ....
....
....
....

d) Anota las herramientas y las estrategias de las que te podrías servir para gestionar estos sentimientos. Si están en este libro, apunta el número de página junto a cada uno.

¿Me siento negativo? Necesito comprobar que esto no afecte mi toma de decisiones. Usaré la estrategia GEE o la de las tres C (páginas 97 y 99)..............
....
....
....

Uso rápido del Kit de reparación DGECG para la culpa

Como ya dije antes, con el tiempo no necesitarás usar las plantillas. Si la ofensa ha sido relativamente menor, es posible que puedas pasar mentalmente y con rapidez por las distintas fases. Hacerlo calmará tus sentimientos de culpa y te ayudará a emprender una acción más eficaz. Pero si dispones de tiempo, también te aconsejaría que pusieras tus notas por escrito. Escribir calma los sentimientos, y ver las palabras las grabará con mayor firmeza en tu memoria. A continuación un ejemplo de cómo se puede usar de un modo muy rápido una vez que tienes alguna práctica.

EJEMPLO:

De camino a casa, después de una reunión de trabajo que acabó tarde, Freda excedió el límite de velocidad. Las cámaras captaron su imagen y poco después recibió una multa. No se lo había dicho a Pete, su marido, porque se habría enfurecido con ella. Tienen dos hijos y su economía es muy justa. Se siente culpable por correr un riesgo que podría haber provocado un accidente y, también, por mantenerlo en secreto. Los pensamientos culpables han empezado a arremolinarse, obsesivos, en su cabeza. Se siente temblorosa la mayor parte del tiempo y pierde la concentración continuamente en el trabajo. A la hora de comer, escribe estas notas:

1. **D**año: Mi confianza y el estrés; la realización de mi trabajo; posible pérdida de confianza si Pete lo descubre.
2. **G**ráfico de responsabilidad: 100% mía, aunque la reunión acabara tarde.
3. **É**tica: Muy mal: 2/10.
4. **C**ompensaciones: Se lo confesaré a Pete y le diré que sé que hice muy mal en correr y en guardarlo en secreto... y anularé el pedido de mi nuevo abrigo para pagar la multa, además le prometeré que no lo volveré a hacer... que he aprendido la lección... que conduciré con más precaución, lo que sea.
5. **G**estión: Haré un poco de relajación antes de decírselo a Pete y respiraré hondo cuando esté en el auto y sienta la tentación de correr. Le pediré a los niños que me controlen cuando vayamos en la carretera.

EJERCICIO: REPARACIÓN DE LA CULPA DGECG

Escoge algo del pasado o del presente sobre lo que te sientas culpable. Usa las plantillas para que te ayuden a analizar tu culpa y planificar tu acción. Como de costumbre, si puedes compartir lo que has hecho con un amigo y pedirle sus comentarios al respecto, hazlo.

Practica usar la estrategia del Kit de reparación DGECG tanto como puedas durante los próximos meses, para que quede integrado en tu mente y puedas usarlo con rapidez.

CAPÍTULO 6

Cómo tratar con el complejo de culpa

¿Qué es el complejo de culpa?

Tal vez, como lector de este libro, esta es una pregunta para la que no necesitas respuesta. Si eres alguien para quien la culpa es un gran problema, los que destacan en el complejo de culpabilidad ya habrán olfateado que eres una presa fácil. Sin embargo, para los que son lo suficientemente afortunados como para no haber experimentado nunca esta sensación, aclararé cómo la entiendo yo. En mi opinión es un intento de manipular psicológicamente a otra persona para hacer que se sienta culpable, para que haga o deje de hacer algo. Al describir este comportamiento en el lenguaje cotidiano, la persona podría decir algo parecido a esto: «*Ella sabe cómo jugar con mis emociones*» o «*Siempre me hace sentir tan culpable*».

Aquellos de nosotros que somos vulnerables a dejarnos influenciar por este tipo de conducta necesitamos recordar, en primer lugar, lo siguiente:

- La conducta de quien tiene complejo de culpa es agresiva.
- Tenemos derecho de protegernos de él.
- No tenemos por qué aceptar la culpa.
- Las respuestas enérgicas suelen detener la conducta propia del complejo de culpa.

Uno de los problemas de esta conducta manipuladora es que puede resultar difícil de reconocer. Esto se debe a que suele mezclarse con un lenguaje y un comportamiento afectuosos o aduladores. Podemos estar tan habituados a ellos en ciertas relaciones que no los notamos hasta que han provocado su daño. Esto es particularmente verdad si la relación se remonta a nuestra infancia, o si el respeto o el amor que sentimos por la persona manipuladora nos ciega.

Por tanto, el primer paso para protegerte es agudizar tu consciencia de las señales que probablemente están ocurriendo. Aquí tienes algunas pistas comunes a las que puedes estar atento como si fueran señales de advertencia. Es evidente que si logras ver una de ellas, esto no significa que la persona esté intentando hacerte sentir culpable. Es necesario que te fijes en unas cuantas señales distintas.

Lenguaje corporal al que debes estar atento en el caso del complejo de culpabilidad

- Tono quejumbroso
- Suspiros
- Cabeza baja
- Ligero temblor de cabeza
- La mano en la cabeza
- Ojos llorosos
- Cejas alzadas
- Ojos en blanco
- Miradas sarcásticas

Tipos comunes de conducta propia del complejo de culpabilidad que debes notar

1. **Llegar con tu comida favorita o regalos especiales antes de que te pidan un favor**. *«Aquí tienes unas galletitas de jengibre recién horneadas... Sé que estás muy ocupado, ¿pero podrías acercarme a la estación? Los taxis son tan caros hoy día»./«Hola, chicos. ¡Donuts frescos! Sírvanse. ¿A quién le importa quedarse una hora más esta noche? La semana que viene estarán aquí los reguladores ¡y hay mucho que poner al día! No sé si voy o vengo. Siento la*

respiración del departamento financiero en el cogote, también en lo que respecta al presupuesto». (Un jefe a su equipo).

2. **Adular antes de soltar el comentario mordaz y lleno de implicaciones.** *«Has hecho bien, pero el dinero no lo es todo, ¿sabes?».*/*«Es un hermoso apartamento... mucho más grande de lo que hayamos tenido jamás».*/*«Enhorabuena por tu ingreso a la universidad. Eres tan afortunado de poder...».*

3. **Estar enfermo, pero seguir adelante o terminarlo con «coraje».** *«Tu pobre padre iba al trabajo estuviera enfermo o no...».*/*«Hoy no me siento bien, pero no te preocupes; los recogeré como de costumbre».*/*«Está bien, si no puedes venir... tuve un virus la semana pasada y me he esforzado como he podido, pero aquí estamos».*

4. **Comparar.** *«Unos pobres niños no tienen la suerte de tener comida... ¡así que acábate la cena!».*/*«Mira a Charlie, no está haciendo ningún escándalo».*/*«¡Bien hecho; has logrado entrar a la universidad. Tienes tanta suerte de haber sido bendecido con una buena cabeza...».*/*«¿Sabías que Julia se llevó a su madre a Ibiza este año?».*/*«Nadie más se marcha a las 6 de la tarde en punto».*

5. **Sufrir las dificultades con valentía.** *«Tuvimos que sacrificar nuestro tiempo libre, pero no nos importó».*/*«Me alegra que te vaya bien. Hace casi tres años que me echaron, pero tú tienes que sacar el mayor provecho a las cartas que te ha repartido el destino».*

6. **Suscitar compasión para excusar la conducta dañina o incorrecta.** *«Ha sido duro contigo, pero era la forma en que papá te quería».*/*«Yo no tengo un padre rico como el tuyo; pensé que no te importaría que te tomara diez dólares prestados».*

7. **Cuestionar tus decisiones financieras.** *«Reconozco que está bien, pero he oído que esas cosas de diseño son una estafa y que las hacen en fábricas explotadoras».*/*«Es posible que tu comida orgánica sepa mejor, pero cuesta un ojo de la cara. La mayoría de las personas no se la pueden permitir».*

8. **Amenazar con la culpa futura.** *«Cuando seas mayor comprenderás que yo no puedo hacerlo todo; deberías sentirte mal si mi corazón falla».*/*«Bueno, a quien contrates es cosa tuya, pero no digas que no te lo advertí».*/*«Creo que es una estrategia demasiado arriesgada. Si perdemos este contrato, la culpa será tuya».*

9. **Fastidiarte la diversión contándote sus actos «mártires».**
   «Se diría que has disfrutado del buen tiempo. Yo me he pasado el fin de semana comprando y cocinando para mi madre... ya sabes que sufrió un derrame cerebral»./«Pásatelo bien. Necesitaban otra vez a alguien que cubriera la Navidad. Jim tuvo que ingresar para que le hicieran una cirugía. Se recuperará. Así que me ofrecí; nunca sabes cuándo te tocará a ti».

10. **Servirse del humor para lanzar una indirecta.** [Señalando a papá] *«Ahí viene Humpty* [personaje en una rima infantil de Mamá Ganso que se sentó en un muro y se cayó]*»./«¡Por fin! Así que decidiste viajar hoy a caballo, ¿no?».*

11. **Hacer comentarios sarcásticos.** *«Así que tuviste bastante tiempo que dedicarle* [a ella], *¿no?»./«¿Disfrutaste de la ruta pintoresca? Pensé que habría muerto de inanición antes de que llegaras»./Eso es un amigo, ¿verdad? Muy considerado por tu parte; ¡hablar de mi vida privada con ella!».*

12. **Fingir que ha habido un malentendido.** *«Probablemente oí mal. Estoy seguro de haberlo entendido mal... Creí haberte oído decir que, después de todo, no podrías asistir al primer partido de fútbol de Johnnie»./«Hola, Ian, Jan* [una amiga en común] *me dijo que te vio en un restaurante con una mujer; le dije que no podía ser; seguro que te confundiría con otra persona. Yo sabía que estabas trabajando hasta tarde, porque me pediste que recogiera a los niños ya que Gina* [la esposa de Ian] *también trabajaba hasta tarde».*

13. **Apelar a la ayuda de Dios.** *«Dios siempre está mirando»./«Al final, Dios te juzgará».*

Por supuesto, mis listas habrían podido incluir todos los trucos inteligentes y manipulativos que se les ocurre a las personas cuando quieren provocar en ti complejo de culpabilidad. Familia, amigos y colegas que te conocen bien personalizarán sus técnicas. Esto significa que solo la persona culpabilizada sabe lo que significan en realidad. Otros que puedan estar oyendo lo que se ha dicho o hecho, podrían decir: *Se diría que solo quiere asegurarse de que estés bien,* o *Solo te estaba tomando el pelo.*

Por tanto, es importante identificar las frases típicas y personalizadas que sabes que están utilizando para presionar <u>tus</u> puntos particulares.

EJERCICIO: RECONOCER EL COMPLEJO DE CULPA ANTES DE QUE TE ATRAPE

- Lee la lista más arriba y anota o marca los tipos que reconozcas.
- Donde he aportado ejemplos, añade uno o dos tuyos que podrían usar las personas que están en tu vida.
- Escoge tres con los que tener cuidado durante las dos o tres semanas próximas. Anótalos. Puedes ocuparte del resto más adelante. ¡Si no vas paso a paso empezarás a ver complejo de culpa por todas partes!

Otra buena manera de construir tu resistencia para no tropezar es confeccionar y aprenderse una lista de derechos personales. Estos deberían relacionarse con tu propio talón de Aquiles, que suele ser una cuestión que ya te hace sentir culpable. Podría ser una cuestión no prioritaria con la que hayas decidido vivir en el presente.

EJERCICIO: IDENTIFICAR MIS DERECHOS

Lee la lista de ejemplos más abajo. Tacha los que no se apliquen a ti y añade los tuyos. De forma alternativa, haz una lista completamente nueva que tenga más sentido para ti.

Mientras no hiera a los demás a sabiendas ni infrinja sus libertades, yo tengo:

- derecho para tomar decisiones morales, del estilo de vida o relacionales que sean inusuales;

- derecho a ser joven;
- derecho a ser mayor;
- derecho a ser inteligente;
- derecho a mis propias preferencias culturales;
- derecho a ser religioso;
- derecho a criar hijos a nuestra manera;
- derecho a escoger no tener hijos ahora ni nunca;
- derecho a elegir el trabajo que quiero o necesito;
- derecho a gastar mi dinero como desee;
- derecho a comer como mejor me parezca;
- derecho a mis preferencias sexuales diferentes;
- derecho a escoger cómo tratar mi propia salud.

....

....

....

Finalmente, puedes preparar algunas respuestas firmes para la persona que esté intentando crearte un complejo de culpa. Las personas que actúan así suelen tener algún problema emocional personal que los impulsa. Podría basarse en sentimientos como el enojo, los celos, una baja autoestima, el temor o la soledad. Podemos imaginar, o incluso saber, lo que es. Pero es necesario que recuerdes que, sea lo que sea, no es relevante. Nuestro objetivo aquí consiste en tratar de forma firme y sensible con la conducta que causa sentimiento de culpa. No es el momento de rescatar a quien provoca la culpa de cualquier dificultad que pueda estar sufriendo. Que estén padeciendo no les da derecho a hacerte sufrir con la culpa. Si de verdad quieres ayudarlo con su problema, escoge otro día en que tengas tiempo para dar y en que ambos se sientan menos vulnerables respecto a sus emociones.

Tu prioridad es ahora la autoprotección. Tienes que romper su costumbre de hacerte sentir culpable cambiando la forma en que tú respondes. Si te causan problemas de culpa continuamente, es porque tu respuesta les está proporcionando cierta satisfacción. Nadie puede conseguir que tengas esa sensación de culpa sin tu colaboración.

Cómo responder con firmeza cuando te provocan un complejo de culpabilidad

Existen cuatro deberes y cuatro prohibiciones que tener en mente cuando respondas a alguien que pretende hacerte sentir culpable:

Los cuatro deberes

✓ Mantén la calma.

✓ Sé educado.

✓ Sé breve.

✓ Céntrate solo en la conducta de quien provoca el complejo de culpa.

Las cuatro prohibiciones

✗ No uses el sarcasmo.

✗ No te vengues comportándote igual (¡por tentador que sea!).

✗ No respondas a preguntas.

✗ No respondas a comentarios irrelevantes.

Para ilustrar cómo puedes llevar esto a la práctica, usaré como ejemplos unas cuantas de las trece conductas causantes del complejo de culpa que enumeré en las páginas 166-168. Así es como podrías contestar:

Ejemplo 1

* Aquí tienes unas galletitas de jengibre recién horneadas... Sé que estás muy ocupado, ¿pero podrías acercarme a la estación? Los taxis son tan caros hoy día.

↘ Gracias, huelen que da gusto, pero no puedo llevarte a la estación hoy.

* Seguro que tienes cinco minutos. ¿Qué tienes que hacer?

↘ Sencillamente no puedo llevarte hoy.

[Nota: No se comenta sobre «los taxis son tan caros», no hay agresividad ni se dice: «No tengo por qué contarte mi vida», ¡y no cedí!].

Ejemplo 6

- Yo no tengo un padre rico como tú; pensé que no te importaría que te tomara diez dólares prestados.
- Soy yo quien tiene derecho sobre mi propio dinero. Te ruego que pongas los diez dólares en su sitio.
  (Nota: Se ignora la indirecta irrelevante sobre el origen privilegiado, y se pide directamente que se devuelvan los diez dólares].

Ejemplo 7

- Es posible que tu comida orgánica sepa mejor, pero cuesta un ojo de la cara. La mayoría de las personas no se la pueden permitir.
- Sí, es cara, pero así he elegido gastar mi dinero.
  [Nota: No se habla sobre el comentario de quien intenta provocar culpa: «la mayoría de las personas no se la pueden permitir»].

Ejemplo 11

- Eso es un amigo, ¿verdad? Muy considerado por tu parte; ¡hablar de mi vida privada con ella!
- Siento que estés disgustado. Como te he dicho antes, no se ha mencionado nombre alguno. Pensé que ella podría tener algunas ideas útiles.
  [Nota: Se ha empatizado y solo se ha repetido que la confidencialidad no se ha quebrantado].

Ejemplo 12

- Jan [una amiga mutua] me dijo que te vio en un restaurante con una mujer; le dije que no podía ser; seguro que te confundiría con otra persona. Yo sabía que estabas trabajando hasta tarde, porque me pediste que recogiera a los niños ya que Gina [la esposa de Ian] también saldría tarde del trabajo.
- Gracias por haber recogido a los niños. No voy a comentar sobre el chismorreo de Jan.
  [Nota: No se ha comentado sobre la manipulación del «malentendido» y se ignora la pregunta encubierta que pretende provocar culpa, es decir «¿Le estabas siendo infiel a tu esposa?»].

Los complejos de culpa no solo inducen fuertes sentimientos de culpa, sino también un resentimiento igual de fuerte hacia el manipulador.

DR. GUY WINCH, *PSYCHOLOGY TODAY*, MAYO 2013

EJERCICIO: CÓMO RESPONDER A LA CONDUCTA DE QUIEN PRETENDE PROVOCAR CULPA

- Selecciona algunos otros ejemplos de comentarios sobre el complejo de culpa de mi lista de las páginas 166-168. Crea una respuesta concisa, educada y firme. Añade uno o dos ejemplos de tu propia vida real.

- Practica diciendo todas las respuestas en voz alta. Es preferible que pidas ayuda a un amigo y que representen el papel. Otras personas pueden detectar con frecuencia una indirecta agresiva en la que podríamos haber incurrido comprensiblemente sin darnos cuenta. (No son muchos los que aprovecharían la oportunidad de repasar sus aptitudes en este ámbito. Es una decisión difícil de tomar para todos nosotros).

- Refresca tus aptitudes del Disco rayado (ver página 132), porque puede ser necesario que repitas tu mensaje central una y otra vez. Provocar sentimiento de culpa es, a menudo, la costumbre de toda una vida y podría llevar tiempo romperla.

- Finalmente, no intentes adoptar una conducta de este tipo. Como dije antes, esto resulta muy tentador porque la venganza es una reacción automática cuando sentimos que se nos resta autoridad. (¡Y, sí, provocar complejo de culpa es una forma de despojar a otros de sus derechos!). Pídeles a tus buenos amigos que te indiquen si has usado este tipo de comportamiento manipulador. Si lo has padecido durante años, serías un santo si no se te hubiera pegado un poco de este hábito. Desde luego no quieres que tus amigos aumenten sus sentimientos de resentimiento contra ti.

Déjame asegurarte que, una vez que hayas ganado más control sobre la culpa provocada, habrá luz y risa al final del camino. El sentido del humor es muy curativo para el equipaje emocional caducado. En una estrecha relación personal de confianza, pulsar los unos los botones de la culpa de los otros <u>puede</u> convertirse en un juego divertido y competitivo. Mi esposo y yo jugamos a él casi a diario. ¡Me encanta porque, como era quizás de esperar, suelo ser la ganadora! Pero hablando en serio, también sé que este divertido tipo de broma ha sido una manera de ayudarnos mutuamente a conseguir, en última instancia, cierta perspectiva saludable sobre nuestros problemas de dolorosa culpa.

Recuerda, finalmente, si tienes una conciencia sensible, que siempre habrá alguien que intentará hacerte sentir culpable. Serán muchos más los que te respeten y te amen por tener esta maravillosa cualidad.

CAPÍTULO 7

Consejos para las nueve culpas más problemáticas

La culpa reprimida

Como ya sugerí anteriormente en el capítulo 2, esta culpa es mejor mantenerla fuera que dentro. Gran parte de los consejos que ya he proporcionado en este libro deberían resultar útiles para tratar con ella. Si tienes alguna culpa de este tipo escondida dentro de ti, antes de empezar es importante pensar y planear con esmero cómo procederás a «echarla fuera».

Cuánto necesites dejar a un lado para poder hacerlo, dependerá de la cantidad de culpa que sientas y del tiempo que la hayas estado conteniendo. Resulta difícil predecir qué periodo habrás de tener en cuenta, pero sugiero que sea todo el tiempo posible. Esto es lo que tendrás que hacer:

1. Piensa cuidadosamente con quién hablar y cómo preguntarles (ver mis directrices más abajo).
2. Haz un guion (al menos en líneas generales) de lo que quieres decir. (La sección sobre hacer un guion de la página 104 ayudará).
3. Usa el Kit de reparación DGECG para analizar tu culpa (ver capítulo 5).
4. Elabora un plan de acción (el capítulo 9, «La culpa en objetivos», te ayudará) y discútelo con tu amigo. También podrías mostrarles tu análisis DGECG si quieres valorar sus comentarios.

5. Pon tu plan en acción.
6. Recompénsate. (Esto es crucial para renovar tu confianza en ti mismo. Lo que habrás hecho es extremadamente estresante. Es, asimismo, muy valiente ¡y merece un premio!).

Espero que esta larga lista no te desanime. Te prometo que merecerá la pena el tiempo que dediques a hacerlo bien. Afectará a cómo gestiones la culpa en el futuro. La culpa reprimida puede convertirse en culpa encubierta. Si esto ocurre, tu problema será mucho más difícil de solucionar, en parte porque ya podría haberte perjudicado a ti y a tus relaciones, y es posible que también dañe a otros. Una vez que hayas aprendido y practicado este nuevo planteamiento, se convertirá en una costumbre, y el proceso tomará mucho menos tiempo.

De forma ideal, es bueno tener alguna ayuda. Espero que pueda proporcionártela uno de tus amigos. De no ser así, podrías necesitar hablar con un consejero o terapeuta. Su primer papel consistirá en escucharte. Hacer esto bien requiere alguna destreza y que quien oye posea ciertas cualidades. Quienquiera que sea la persona que escojas para abrirte, procura asegurarte de que tenga estas aptitudes:

1. Escoge a alguien a quien puedas contarle tu historia

Quien te oiga...
- no deberá ser crítico y tendrá que preocuparse por ti aunque no seas perfecto;
- deberá creer de verdad que las personas pueden cambiar y mejorar;
- deberá ser capaz de escuchar sin tener que saltar constantemente, tranquilizarte y rescatarte, ¡o quizás intentar convencerte de que no deberías sentirte culpable!
- deberá tener la capacidad de empatizar sin necesidad de dedicar todo el tiempo que pasen juntos contándote su historia sobre su culpa;
- deberá ser lo suficientemente confiado para ser capaz de decirte que, después de todo, no quiere ayudarte. (Tu historia podría presionarle botones que le resulten incómodos, o podría sentir que apoyarte les consumirá demasiada energía o será emocionalmente difícil para ellos).

- no deberá empujarte a seguir su consejo (en lugar de dejar que tú decidas tu propia forma de tratar el asunto).
- deberá tener un planteamiento práctico y positivo de la resolución del problema, y apoyarte en la planificación de cómo dar el siguiente paso.

2. Realiza un análisis DGECG

Esto te ayuda a prepararte antes de acercarte a otros que puedan haber estado implicados o a los que hayas podido herir. También te ayudará a calmarte. Te sentirás más culpable aún, por haber estado conteniendo tu ofensa; por tanto, necesitarás tener cuidado cuando evalúes tu verdadera responsabilidad.

3. Confiesa y discúlpate ante tu víctima

Sé consciente de que tu víctima y cualquier partidario que pueda tener se sentirán muy escandalizados y, posiblemente, enojados. Si este es el caso, no esperes resolver la situación en un solo encuentro. Si en su enojo intentan obligarte a una acción inmediata, usa una frase del Disco rayado (ver página 132) para posponer cualquier discusión adicional. Haz lo mismo si descubres que tus propios sentimientos aumentan o si percibes que necesitas hablar con otras personas antes de seguir debatiendo el asunto. Permanece tranquilo y limítate a repetir tu frase clave una y otra vez hasta que la acepten.

Por ejemplo (la frase del Disco rayado está en negrita):

A: *Entiendo por qué estás tan molesto. Siento mucho haber hecho esto, y también no habértelo dicho antes. Pero no creo que sea buena idea* **seguir discutiéndolo ahora mismo.** *Volveremos a vernos mañana/la próxima semana.*

B: *No, quiero que me digas ahora mismo qué vas a hacer al respecto.*

A: *No me parece una buena idea* **seguir hablándolo ahora**.

B: *Hemos esperado demasiado tiempo para llegar al fondo de esto... Podría hablar con tu jefe, ¿sabes?*

A: *Te prometo volver a hablar contigo mañana, pero no voy a seguir* **discutiéndolo ahora mismo.**

4. Practica el guion DGECG que preparaste con anterioridad para hacer compensaciones

Aquí es donde el amigo que te apoya puede ayudarte de verdad. Usar tu guion a modo de representación es la mejor forma de fortalecer tu confianza. Si no puedes hacerlo, practica repetirlo unas cuantas veces frente a un espejo.

5. Recompénsate después de haber hecho un seguimiento de la discusión

¿Recuerdas por qué esto es importante? Has estado haciendo todo lo posible para tratar con una de las clases de culpa más difíciles y mereces una recompensa. Pero recuerda también que las recompensas ayudan a reforzar nuevos hábitos buenos, que es exactamente lo que estás intentando hacer.

La culpa encubierta

Por supuesto, esta no es una culpa fácil de detectar en ti. Sin embargo, si llegas a percibirla puedes dar los pasos necesarios para asegurarte, en el futuro, de reconocer más pronto que tarde las señales. Como indiqué en el capítulo 2, este tipo de culpa tiene muchos disfraces distintos, así que es importante que semejante lista de señales de advertencia sea personalizada. Te sugiero que tomes los pasos siguientes para hacer esto:

1. Recopila una lista de señales tempranas de advertencia, preferiblemente con la ayuda de una persona empática que te conozca bien. Las señales pueden variar enormemente, pero los ejemplos comunes de conducta que puedan indicar la culpa encubierta son: beber más alcohol de lo usual/empezar a fumar de nuevo/trabajar en exceso/limpiar más de lo necesario/una triple comprobación/regañar a las personas/dormir demasiado/volverse cínico/volverse menos o más sociable.

2. Entrega copias de esta lista personal a alguien en quien confíes y a quien veas a menudo en tu vida cotidiana. Podría ser un miembro de la familia (incluido un hijo mayor), un amigo o un colega de confianza. Explica que las entradas de esta lista pueden o no ser señales de culpa encubierta, pero sería preferible que estuvieras alerta a ellas de todos modos, ya que son indicativas de una conducta indeseada. Destaca también que es importante que tome nota de algunos detalles específicos. Explica que esto se debe a que puedes muy bien negar dicha conducta, a menos que se te muestren algunos detalles recogidos. (Después de todo, esta es la naturaleza del hábito que estás intentando dominar).

En mi lista de ejemplos, más abajo, observarás que he añadido una columna junto a cada señal de advertencia para los detalles específicos. Tus observadores no tienen que registrar sus notas de un modo tan formal, pero es muy probable que olviden los detalles útiles a menos que los apunten de inmediato. Podrías regalarles un pequeño cuadernillo en el que garabateen sus observaciones.

3. Pídele a tu observador que te dé su impresión. Te sugeriría que acordaras hacer esto después de que hayan observado un cierto número de posibles señales. Podría volverse tedioso y aburrido para ambos si lo hacen <u>cada vez</u> que se percibe una señal.

4. Reflexiona sobre lo que podría estar causando el resurgimiento de estas señales. Pregúntate a ti mismo si no son el resultado de un estrés extremo, o si podrían tener algo que ver con la culpa real, imaginada o temida. Usa tu diario para ayudarte a estimular los recuerdos de lo que hiciste y con quién estabas durante ese periodo de tiempo. Si sigues desconcertado, debate el problema con un amigo sensato.

Y recuerda que si tus señales de advertencia siguen escalando, siempre puedes concertar una cita para debatir esto con tu doctor. No esperes nunca que surja una crisis antes de hacerlo.

Ejemplo de un registro de señales de advertencia para la culpa encubierta

Señal de advertencia	¿Qué/Cuándo/Dónde?
i. Limpieza obsesiva	i. El sábado [14] pasado limpió todo el día, solo se tomó quince minutos de receso para el almuerzo.
ii. Beber demasiado	ii. Estuvo más de cuatro horas en el *pub*, el viernes por la noche y el martes pasado.
iii. Regañar	iii. Regañó a Joe respecto a Sun cuando solo preguntó cuál era el resultado.
iv. Trabajar en exceso	iv. Ha traído trabajo a casa cuatro de las cinco noches, desde el 20 de septiembre.
v. Rescatar	v. Insiste en llevar a Carole a su clase cuando ella quería caminar.

Culpa de la infancia

La culpa que se remonta a la infancia es un hueso duro de roer. Sin embargo, no es desde luego imposible tratarla. Solo llevará un poco más de tiempo para romper los malos hábitos. Lo ideal sería que te ayudara a hacer este trabajo de autoayuda un amigo o dos, que también estén interesados en cambiar su culpa. Pero si esto no es posible, intenta hacerlo por tu cuenta, siguiendo mis cuatro pasos.

Siempre puedes procurar alguna ayuda profesional a través de tu doctor si descubres que necesitas el apoyo adicional de un psicoterapeuta o consejero que haya sido formado para trabajar con problemas de la infancia. Ten en mente que algunos consejeros y la mayoría de los *coaches* no cuentan con este entrenamiento.

Los cuatro pasos en el proceso de la autoayuda son:

1. Escoge <u>una</u> culpa de la infancia sobre la que trabajar. En cualquier aprendizaje u obra de desarrollo es importante centrarse en un problema a la vez. La primera no debería ser demasiado grande ni perturbadora.

2. Evalúa esta culpa y sé claro sobre cómo está impactando tu vida actual. Usa la lista de comprobación más abajo para activar tu pensamiento.

- ¿Me impide hacer algo que quiero hacer hoy?
- ¿Está interfiriendo en algunas de mis relaciones clave?
- ¿Está perjudicando a alguien más?
- ¿Me está reteniendo en mi vida laboral?
- ¿Sigo castigándome por mi ofensa?
- ¿Sigo anhelando el perdón?
- ¿He hecho ya algunas compensaciones?
- ¿Existe algún perjuicio emocional no sanado y vinculado a esta culpa?

3. Revisa las sugerencias y las estrategias de este libro y decide qué podría ayudar con este problema. Podrías usar la página del índice al principio del mismo para recordarte todas las posibilidades, o podrías usar el Kit de reparación DGECG (ver el capítulo 5) para ayudarte a decidir qué parte de esta culpa es merecida y cómo harás compensaciones si sigues albergando verdadera culpa.

4. Elabora un plan de acción de **Culpa en objetivos** (ver capítulo 9).

La culpa no siempre es algo racional, comprendió Clio. La culpa es un peso que te aplastará, lo merezcas o no.

DE *GIRL AT SEA*, DE LA NOVELISTA ESTADOUNIDENSE MAUREEN JOHNSON

La culpa vergonzosa

La culpa es una emoción que te come el alma.

C. J. JUNG, FUNDADOR SUIZO DE LA PSICOTERAPIA PSICOANALÍTICA

Como ya dije en el capítulo 2, la culpa vergonzosa suele ser <u>el</u> tipo más difícil de cambiar. Hace poco oí una entrevista a Monica Lewinsky, quien tuvo una aventura amorosa con el presidente Bill Clinton cuando era una veinteañera. Los medios de comunicación de todo el mundo la avergonzaron cruelmente durante muchos años. (Por supuesto, ella había hecho algo que estaba mal y admitió su culpa, pero era su empleada y tenía tan solo veintidós años, ¡mientras que él en aquella época era con toda probabilidad el hombre más poderoso del mundo!). Tras permanecer callada y apartada de los medios durante diez años, Monica ha empezado a hablar en público sobre el efecto que esta vergüenza tuvo sobre ella y su familia. Cualesquiera que hubieran sido sus motivos para hacer aquello, al parecer ha aprendido por las malas lo devastadora que puede ser la vergüenza cuando tu personalidad está aún en proceso de formación. Declaró: *Si no has descubierto quién eres, resulta difícil no aceptar la imagen horrible que otros han creado de ti.*

Las palabras de Monica Lewinsky ilustran la cuestión fundamental que radica en el corazón de la culpa vergonzosa. Golpea la esencia misma de tu propia imagen. Por tanto, solo puede quedar reparada haciendo algún trabajo básico terapéutico para reconstruir tu autoestima y tu confianza. Tienes que escarbar en lo profundo de tu interior y descubrir quién eres en realidad y quién quieres ser. A continuación, y esto es muy importante, tienes que demostrarte a ti mismo mediante tus actos que puedes ser esa persona. Solo entonces tendrás suficiente fe en ti mismo y respeto para asegurarte de que tienes una vida que te hará sentir feliz y orgulloso.

Por tanto, si sufres con regularidad este tipo de culpa, es natural que necesites hacer cierta autorreflexión seria y edificar tu carácter antes de poder deshacerte de la culpa vergonzosa. Cuando empieces a considerar las causas fundamentales de este problema es posible que descubras, como le ocurre a muchos, que tienes una historia en la que te han repetido una y otra vez: *Deberías estar avergonzado de ti mismo*, cada vez que hiciste algo incorrecto. Como las personas que emitieron estos juicios sobre ti eran tus mayores, tus «superiores» o personas a quienes amabas o respetabas, los habrás creído y te habrás <u>sentido</u> debidamente avergonzado. Así es como suele desarrollarse la costumbre de añadir vergüenza a la culpa. Conforme fuiste creciendo ya no necesitarás que otros te avergüencen, porque te habrás convertido en un experto en hacerlo tú mismo.

Para ayudarte a romper este hábito he ideado una sencilla estrategia de VERGÜENZA en cinco pasos, que podrías usar como guía para obligarte a emprender acción. Te recordará que te ocupes primero de la vergüenza, antes de que puedas intentar resolver la cuestión de la culpa. Si lo haces durante algún tiempo, y sigues manteniendo tu autoestima alta, erradicarás esta costumbre de vergüenza autodestructiva. Como somos humanos, todos sentimos culpa de vez en cuando. Pero no tenemos por qué hacer que esa tarea sea aún más difícil añadiendo vergüenza a ella.

La estrategia SCAHE [en inglés SHAME, *vergüenza*]

1. **S**epara la vergüenza de la culpa.
2. **C**ura la vergüenza.
3. **A**naliza la culpa.
4. **H**az compensaciones.
5. **E**mpodérate a ti mismo.

Permíteme añadir un poco de carne a los huesos de estas cinco etapas.

1. **S**epara la vergüenza de la culpa

Vuelve a leer mi introducción a la culpa vergonzosa en el capítulo 2 (ver página 49) para recordarte las diferencias entre ambas emociones. A continuación empieza a examinar esas conductas que te autoavergüenzan.

a) Anota la ofensa, *p. ej.: Tuve una relación extramatrimonial/perdí los nervios con demasiada frecuencia con los niños/no trabajo tan duro como sé que podría, y por ello no he sido ascendido.*

b) Anota ejemplos de cómo te avergüenzas, p. ej.: **Conversación conmigo mismo:** *Soy exactamente como mi padre –un misógino egoísta por naturaleza–, por eso me estoy acostando con una mujer casada/soy una madre inútil y tóxica; los niños están mejor pasando el mayor tiempo posible con su abuela/no soy más que un perezoso y un despilfarrador. No tiene sentido intentar conseguir un trabajo más interesante.* **Conducta:** *No he hablado sobre ello con nadie; actuando en contra de mis valores./Dejé que otros se ocuparan de los niños./Dejé de buscar otro trabajo; actué como un gandul, siempre pegado al sofá.*

2. **C**ura la vergüenza

Usa un programa de autoayuda para examinar los orígenes de tu vergüenza. Dos de mis libros anteriores, *La autoestima* y *La seguridad emocional*, son guías para tratar con la raíz y con las causas actuales de la baja autoestima. Ambos son programas de autoayuda fáciles de seguir. Puedes realizarlos solo, pero resultan más provechosos con el aporte ocasional de un amigo. También pueden trabajarse en un pequeño grupo de autoayuda. Este podría ser incluso de dos personas, pero suele funcionar mejor con más integrantes. Yo aconsejaría que no fueran más de ocho para un grupo que trabaja este tipo de cuestión. Sí requiere que se construya una gran confianza dentro del grupo y que todos tengan la oportunidad de participar.

Si no tienes tiempo para hacer este tipo de programa ahora mismo, considera mis consejos para subir tu autoestima en la página 62 y esto te servirá al menos para empujarte a acometer alguna clase de acción. Puedes hallar también muchos otros consejos en mis libros *The Self-Esteem Bible* y *101 Morale Boosters*.

3. **A**naliza la culpa

Una vez restaurada tu autoestima, usa el Kit de reparación DGECG para que te ayude a identificar tu parte de responsabilidad y lo que debes hacer al respecto (ver capítulo 5).

4. **H**az compensaciones

a) Discúlpate de forma eficaz (ver página 103 para consultar cómo hacerlo).

b) Haz las compensaciones que puedas en el momento. Anota también lo que puedes ser capaz de hacer más adelante (quizás cuando las causas raíces de la costumbre de la vergüenza han sido reparadas de un modo más pleno).

5. **E**mpodérate a ti mismo

a) Vuelve a leer los capítulos 3 y 4 sobre las cualidades y las aptitudes de la vida. Anota aquello en lo que tengas que trabajar para mejorar tu capacidad de ocuparte de tus hábitos de culpa vergonzosa.

b) Decide por dónde quieres empezar y llevar a cabo un plan de acción alcanzable para ti mismo. Espero que esto incluya conseguir algún apoyo de un amigo que te ayude a mantener tus objetivos. (Ver las plantillas del plan de acción del capítulo 9, páginas 209-214).

Si, después de hacer este trabajo de autoayuda, sigues siendo incapaz de avanzar, busca ayuda profesional. ¡E intenta no sentirte avergonzado por ello!

Culpa de la riqueza

Esta culpa puede, por supuesto, volverse muy positiva. Enciende la filantropía y la acción social, que pueden en realidad conducir a una distribución más justa y económicamente equitativa de la riqueza. Pero sino se emprende acción, lleva a la apatía, el cinismo y la baja autoestima.

Aquí hay pocas formas en que puedes utilizar el codazo que esta culpa puede darte. Como no tengo ni idea de cuáles son tus circunstancias personales, he escogido ejemplos de acción práctica que apenas cuestan dinero y solo requieren un importe mínimo de tiempo. Leerlos debería hacer que tus propias ideas fluyan. (¡Toma nota de ellos antes de que se pierdan en el alboroto de la vida cotidiana!).

> **Cuando se comprende que la condición humana es la imperfección del entendimiento, ya no resulta vergonzoso equivocarse, sino persistir en los errores.**
>
> GEORGE SOROS,
> HOMBRE DE NEGOCIOS Y
> FILÁNTROPO HÚNGARO

- **Selecciona ciertas cuestiones.** No te abrumes con tantas cuestiones que tu contribución, en términos de tiempo y dinero, parezca una gota insignificante en el océano.
- **Decídete por una contribución realista,** en términos de dinero, tiempo o aptitudes que de verdad puedas permitirte en la actualidad.
- **Elabora un plan de acción.** Asegúrate de que conste de objetivos específicos que tengan fecha de caducidad y puedan verificarse.

- **Mantente consciente e informado.** Si estás activo en los medios sociales, transmite información que pudiera suscitar consciencia de privación y dificultad. Equilibra esto con una información más positiva, como noticias del dinero que se ha recogido para la caridad e importantes proyectos innovadores que marcan una gran diferencia.
- **Nombre y vergüenza.** Comunica ejemplos de personas y organizaciones que, por ejemplo, desperdician recursos, pagan salarios demasiado bajos, etc., pero solo cuando estés seguro de tus hechos. Ian Muir, asesor principal en ética de los negocios y autor de *The Tone from the Top* (Gower Publishing Ltd, 2015), informó recientemente que las compañías y los consejos locales están reforzando en la actualidad su política de denuncia de irregularidades publicitando ampliamente el número de teléfono al que hay que llamar de manera confidencial.

> **Muchos que parecen estar luchado con la adversidad son felices; muchos, entre los grandes ricos, son totalmente miserables.**
>
> TÁCITO, HISTORIADOR ROMANO

- **Mantén a los demás correctamente informados.** Si oyes decir a las personas algo que sepas que está mal o que pudiera ser erróneo, ten el suficiente valor de retarlos. Por ejemplo: «*Aquellas personas que no son verdaderos refugiados, no son más que gorrones*». En un tono no agresivo podrías decir algo como: «*Escuché una entrevista que citaba una encuesta bien preparada y los números eran ____. Tal vez tengas otra información*».
- **Sé políticamente activo,** como mínimo, averigua las fechas de las elecciones con tiempo y programa ir a votar; mantente bien informado escuchando o leyendo a ambas partes del debate.

La culpa del superviviente

Hoy día, tras importantes desastres, a la mayoría de los supervivientes se les proporciona asistencia. Las organizaciones religiosas y la mayoría de las militares tienen programas para conmemorar a aquellos que se han perdido en conflictos y también para apoyar a los supervivientes.

Existen, asimismo, en la mayoría de los países servicios de asesoramiento para llevar el duelo, que con frecuencia consta de voluntarios entrenados que han podido tener experiencias similares. Al recibir asesoramiento deberías ser capaz de impedir que tus sentimientos de culpa se conviertan en una importante enfermedad como el Trastorno por estrés postraumático y una grave depresión.

Hay, por supuesto, otros tipos de culpa del superviviente que no implican la muerte. Por ejemplo, quienes sobreviven a programas de despido. Muchas organizaciones progresistas proporcionan ahora acceso al asesoramiento para el personal restante. Esto se debe a que ahora se sabe que esta clase de culpa del superviviente puede afectar la moral y la motivación del personal restante.

Si has sido superviviente de otro tipo de tragedia importante o de una grave ofensa, como haber sido testigo del abuso de otra persona, intenta encontrar un asesor o terapeuta que te ayude con tus emociones. No sientas nunca que esto es algo que tienes que gestionar solo.

La mayor parte de la culpa del superviviente es, sin embargo, el resultado de situaciones más cotidianas, como perder a un familiar o un amigo. Es uno de esos tipos de culpa que quienes la sufren saben dentro de sí que no tienen por qué sentir, pero siguen haciéndolo. Muchos se lo reservan, porque no creen merecer ayuda. Así que, aunque por supuesto te ruego que difieras sobre este punto, creo que la mayoría de ustedes que leen este libro y sufren de esta clase de culpa podrían preferir intentar ayudarse a sí mismos. Por tanto, aquí tienes algunos de mis consejos personales que, espero, te ayudarán.

- **Proporciónate alguna sanidad emocional de calidad.** Resulta fácil volver a caer en un estado de dolor cuando un recuerdo aflora o cuando escuchas una historia que desencadena empatía en ti. Creo que necesitamos pasar por cinco etapas esenciales con el fin de seguir adelante después de una pérdida personal. Existen también otras dos fases «adicionales» en las que trabajar si quieres llegar a estar supercurado. Oblígate a pasar por estas tres primeras etapas, aunque lo hayas hecho antes:
1. Explora lo que hay en tus pensamientos (en particular sobre tu culpa) escribiendo sobre ello o hablándolo en confianza con

alguien. Si lo haces, conseguirás detener estos pensamientos que dan vueltas en tu cabeza.

2. Expresa tus sentimientos compartiéndolos con un amigo empático y/o relajando tu tensión física.

3. Consuélate dándote algún placer que te satisfaga o busca a alguien que te abrace física o metafóricamente, y te invite a algo. (Ver mi libro *La seguridad emocional* para ideas adicionales sobre este tema).

- **Convierte los aniversarios en un placer para ti** y los que te rodean. Puedes seguir llorando a lágrima viva si lo deseas, pero intenta también asociar estas ocasiones con la belleza y el placer. Formas sencillas de hacer esto son comprar unas flores, pasear por un hermoso parque o cocinar una comida especial. En los primeros años después de la muerte de mi hija, me compré un regalo para mí en cada uno de los aniversarios. Después de un tiempo dejé de hacerlo, pero seguimos asegurándonos de tener un contacto de familia, encender velas por Laura y pasar un día tranquilo y agradable en cualquier lugar del mundo donde nos encontremos.

- **Mantente en contacto con personas que compartan tu sensación de pérdida;** ellos no tienen que sentir la misma culpa que tú, pero compartir las apreciaciones resulta consolador.

- **Escribe una carta a la persona o las personas a las que echas de menos;** expresa tus sentimientos y apreciaciones. Esto es particularmente importante si te han quedado muchos pensamientos sobre lo que quedó por decir. Como a muchas personas, a mí me resulta sanador garabatear pensamientos en un hermoso diario.

- **Crea una caja de recuerdos.** Añade algo cuando sientas la culpa del superviviente. Podría ser un poema, una pequeña joya o solo un pequeño objeto que pueda ser un símbolo de tu relación, tu amor o preocupación.

- **Cuando la tristeza descienda, formula una pregunta sobre la persona que has perdido.** Imagina la respuesta que ella daría. Yo lo hago de vez en cuando con varias personas a las que he amado y perdido. Siempre descubro que «escucho» una respuesta que me alienta y me apoya.

- **Elabora una confesión** si sigues obsesionado con pensamientos sobre lo que hiciste o no que pudiera haberlos herido. Guárdala en algún lugar y, después, transcurrida una semana, saca tu confesión, hazla trizas y quémala o tírala a la basura. A continuación, tan pronto como puedas, haz algo amable por otra persona que esté en tu vida y por quien te preocupes. Es una buena manera de hacer compensaciones constructivas y te ayudará a sanar tu culpa, pero cualquier idea similar que ayudara a otra persona también serviría.

- **Cambia tu lenguaje de pesar.** No pude estar junto a mi padre cuando estaba moribundo, y me sentí culpable porque no me pudieron localizar. Durante largo tiempo pensé y hablé sobre este pesar con un lenguaje negativo como: *Me siento mal por no haber llegado a tiempo.* Esto me hacía sentir peor y mis «pobre de mí» también debieron resultar difíciles de escuchar. Decidí intentar usar un lenguaje que sonara más positivo, como: *Me encantaría haber estado junto a su lecho, pero sé que él habría entendido el problema. Él mismo estuvo «fuera de contacto» durante gran parte de su vida.* Aquello me ayudó y me sigue ayudando. De modo que experimenté haciendo lo mismo con mi culpa del superviviente respecto a la muerte de mi hija. Y también me ayudó con ello.

> **Las personas más valientes no son las que tienen suficiente coraje para morir, sino las que son valientes para vivir, y vivir es distinto a sobrevivir.**
>
> ANÓNIMO

- **Haz una donación.** Recientemente he tenido un par de sustos con el cáncer y, como suelo hacer, empecé a charlar con personas en la sala de espera del hospital. Cuando salí de allí la primera vez, recordé a aquellas personas y sentí un importante dolor por la culpa del superviviente. Tras mi segundo susto, sentí la misma punzada de culpa cuando pasé por delante de quienes sufrían aquella enfermedad, pero en esta ocasión decidí hacer algo constructivo al respecto. Volví a la recepción y deposité un donativo en una caja de caridad para la lucha contra el cáncer. Fue un acto menor, pero me ayudó y no había nada más que pudiera hacer de manera realista para ayudar a las personas menos afortunadas que había conocido.

Culpa parental

Existe una gran abundancia de páginas web y libros sobre la paternidad, ahora disponibles para ayudarte con esta culpa. La cuestión es muy común en el debate informal entre los padres, y uno de los temas favoritos para los periodistas. La mayoría de las estrategias que ya he presentado en este libro deberían ser útiles. Sin embargo, como madre que ha sufrido tanto con esta clase de culpa, no puedo resistirme a compartir algunos de mis propios consejos personales.

Recuerda, los padres perfectos no son perfectos

Pueden producir personas muy confusas, infelices, como ilustra esta cita de la actriz Natalie Wood, quien luchó con episodios depresivos en su vida adulta:

Yo veía a mis padres como dioses, cuyos deseos tenían que ser obedecidos o sufriría el castigo de la angustia y la culpa.

NATALIE WOOD, ACTRIZ ESTADOUNIDENSE

Busca sabiduría con sentido en los foros de debate de la Internet y comparte después la tuya

Esta facilidad era desconocida para los padres preinternet como yo. ¡Con frecuencia me sentí tan sola en una pequeña ciudad rural! Yo era una de las pocas madres de mi propia zona que trabajaba, y era al menos diez años mayor que cualquiera de las que asistían a las reuniones de padres. Me habría resultado tan reconfortante e inspirador leer historias personales y reflexiones como estas:

> Recuerdo una vez que nuestro hijo estaba teniendo dificultades en la escuela. Su profesor me llamó para hablarme de su conducta y mi primera reacción fue enojarme, ponerme a la defensiva y echarme la culpa. Pero mi esposo fue tan claro cuando dijo: «No se trata de ti, Ester, sino de nuestro hijo». Me ayudó mucho y me impulsó a cambiar y no tomarme lo que ocurría de forma personal. Necesitaba quitarme de la foto, y centrarme en mi hijo y en lo que él necesitaba.
>
> Me produce dolor ver a mis hijos luchar con toda la cantidad de trabajo que tienen que hacer hoy día. Con frecuencia tiro la toalla. ¿Has limpiado alguna vez

la habitación de tu hijo, incluso cuando se suponía que él lo haría... y después te has sentido culpable? Puede ser mucho más fácil aceptar los errores de nuestros hijos que hacerlos responsables.

Ayudar a otros con su culpa te ayudará a ti. (¡Esta es, por supuesto, parte del motivo por el que estoy escribiendo este libro!).

Recuerda que las riñas entre hermanos son normales y que no son culpa tuya

Los padres que tropiezan con esta culpa ven estas discusiones como fracaso suyo. Este suele ser el caso si su propia infancia fue problemática, y proporcionarles a sus hijos una infancia feliz y armoniosa es una de sus metas más ansiadas.

Las peleas de hermanos les enseñan a tus hijos tanto sobre compartir, preocuparse, la resolución de conflictos y las diferencias entre cada ser humano individual. Intenta intervenir solamente cuando acosan a otros o si se está produciendo otra conducta verdaderamente mala. Cuando mis hijas estaban al final de su adolescencia las oí reír con afecto por las riñas que mantuvieron en su infancia. Al escucharlo, recordé la angustia y la culpa que estas disputas habían provocado en mí de un modo tan innecesario. ¡Si hubiera sido un poco más sabia en esa época!

Si te llevas mejor con uno, lidia con ello

En el mundo real esto es normal. Que los padres pueden tener la misma relación con cada uno de sus hijos es un mito parental romántico. He oído a demasiados padres protestar y afirmar que hacen malabares para tratar a todos sus hijos exactamente de la misma manera. Por supuesto, temen que esta no sea la verdad y, en secreto, están plagados de culpa. Ayudarlos a enfrentarse a esta realidad puede llevar algún tiempo. Se sienten como si hubieran cometido el mayor pecado parental.

Si una casualidad genética hace que te sientas más afín con uno o más de tus hijos, no lo niegues; ocúpate de ello. Asegúrate de que pasas tiempo de calidad individual con los que son menos compatibles con tu temperamento e intereses. Dedica tiempo a hacer con ellos lo que ellos quieran. Asegúrales que te encanta lo diferentes que son de ti. Dales ejemplos de cómo te han abierto los ojos a nuevos mundos y cuanto aprecias (o apreciarías) su ayuda en tus ámbitos débiles (por ejemplo, a ser más analítica, volverte más expresiva en lo emocional o ser más creativa, apreciar ciertas actividades de música o deporte, o la exploración científica, etc.).

Puedes, asimismo, intentar encontrar a otros adultos dentro o fuera de la familia que puedan pasar, de buena gana, algún tiempo con tu hijo haciendo algo juntos que a ti de aburriría como una ostra. Si el gozo de tu hijo es obvio al compartir un tiempo de tanto disfrute con otro adulto y esto hace que tú te sientas un poco celosa, ¡ocúpate también de eso! Este será un sentimiento constante que tendrás muchas más veces en tu vida, y también eso es bastante natural. Solo hazte un obsequio a modo de recompensa y sigue adelante.

Si formas parte de una familia combinada, expresa tu orgullo y tu gozo por ello

> **Aunque los niños mismos están cada vez más relajados respecto a estar en una familia «reconstituida» –en parte por el aumento en el índice de divorcios y segundas nupcias–, los adultos siguen construyendo un «muro de silencio» en torno al tema.**
>
> ASOCIACIÓN NACIONAL DE FAMILIAS RECONSTITUIDAS DEL REINO UNIDO

Contacta con una organización de familias reconstituidas, u otra similar, si necesitas apoyo y consejo. Hazlo preferiblemente antes de que el asunto o el dilema se conviertan en un problema.

Recuerda que estas organizaciones existen porque otras personas comparten tus preocupaciones. Y quieren repartirse contigo la sabiduría acumulada por medio de sus experiencias difíciles. Si más tarde tú también lo haces, esto ayudará a sanar cualquier culpa que puedas estar experimentando ahora mismo.

Si tienes un hijo que te necesita más, explícales por qué a sus hermanos

Esto es algo que no recuerdo haber hecho hasta que fue demasiado tarde. Unas cuantas semanas antes de la muerte de mi hija pequeña, hablé sobre esto con la mayor. Había venido a casa desde su universidad en Francia, para la Navidad. Le dije que era consciente de haber tenido que priorizar el cuidar a su hermana, Laura, durante algún tiempo por haberse sentido deprimida tras abandonar su curso en la universidad. Pero ahora que estaba asentada en un nuevo curso, yo quería compensar a su hermana y apoyarla más. Sabía que estaba luchando por establecerse en su alojamiento y le dije que planeaba visitarla muy pronto, en Francia.

Por supuesto, no fue culpa mía que esto no ocurriera, pero esto no impidió que me sintiera muy culpable. (La culpa parental es a menudo irracional, como ya sabrás). Más de veinte años después, sigo sintiendo punzadas de pesar por no haber mantenido antes esta conversación con ella.

Evita expresar tu culpa parental delante de los hijos

Ellos no necesitan tu carga, además de la inevitable cantidad de culpa que irán recogiendo del mundo exterior. Pregúntale a tu pareja o a un amigo si estás obrando así. Luego, si esta culpa es racional, sé un buen modelo a imitar y muestra a tus hijos cómo puedes pedir disculpas y compensar. Si sabes que tu culpa es irracional, díselo. Si son lo bastante mayores, usa esta oportunidad para explicarles por qué podemos sentirnos a veces así, incluso cuando en realidad no hemos hecho nada malo.

La culpa del cuidador

A principios de mi carrera, cuando trabajaba para una asociación de salud mental, tuve una clienta que sufría de depresión crónica. Había compartido conmigo su vida, día a día, cuidando de su madre ya muy anciana. Su existencia no solo era físicamente agotadora, sino que se sentía muy sola y culpable por sus sentimientos de desesperación y resentimiento. Había abandonado gustosa su exitosa profesión como maestra para ocuparse de su madre, y se había prometido que jamás la ingresaría en una residencia. Ahora sentía lástima de sí misma y odiaba a la persona en la que se había convertido.

En aquella época yo desconocía todo sobre la asistencia a cuidadores, aun habiendo sido plenamente formada como trabajadora social en psiquiatría. Sencillamente, este apartado no figuraba en nuestro currículum. Tras investigar qué servicios había disponibles para los cuidadores, me desconcertó comprobar el poco apoyo que había. Nuestra organización era una asociación benéfica y, por tanto, no tenía fondos de reserva; pero teníamos una habitación. Así que inicié un grupo de autoayuda y le pedí a mi clienta que me ayudara con la publicidad y la administración. Muy pronto se vio muy concurrido y marcó una gran diferencia en la vida de las personas. No solo hallaron amigos, sino a personas preparadas para ofrecerse unos a otros ayuda práctica y alivio. Contribuí haciendo una formación sobre confianza y firmeza con ellos para ayudarles a pedir con mayor eficacia aquello que necesitaban. Los servicios sociales quedaron tan impresionados con el grupo, que empezaron a concederle financiación. Y, como habrás imaginado, otra recompensa para mí fue ver cómo desaparecía la depresión de mi clienta.

En la actualidad son muchas más las organizaciones que apoyan a los cuidadores, aunque es cierto que no están por todas partes. Hoy, afortunadamente, encuentras grupos de apoyo en la mayoría de las grandes ciudades, y también existen foros muy útiles en la Internet. Sin embargo, comprendo que sigue habiendo cuidadores sin respaldo para las personas que sufren distintos problemas. Según me informan, la culpa es uno de los principales.

Por tanto, si eres cuidador/a y no estás recibiendo el apoyo que necesitas, por qué no intentar lo siguiente:

- **Establece tu propio grupo de autoayuda y apoyo.** Conté mi historia para ilustrar lo fácil que resulta hacerlo. Lo único que necesitas es el uso de una sala, durante un par de horas a la semana. ¡Una cafetería sería, claro está, una bonificación añadida! La mayoría de las autoridades del gobierno local pueden proporcionar ahora apoyo administrativo para nuevos grupos de autoayuda. En general pueden aconsejarte cómo establecer el grupo y tratar con los problemas que, en ocasiones, surgen. Mis propias sugerencias son:

1. **Un liderazgo que vaya rotando** mensualmente entre las personas que estén dispuestas a asumirlo. Es necesario que los líderes se aseguren de que cada uno disponga de tiempo para compartir y presentar sus sugerencias. Asimismo, no permitirán que nadie hable de otro (¡no es tarea fácil!).

2. **Dividir la sesión en dos,** destinando la primera mitad a compartir apoyo. A continuación, un receso para tomar unos refrescos seguido de ejercicios de autoayuda. Deja que los miembros dirijan por turno un ejercicio, como los que figuran en este libro. Existen, asimismo, muchos otros tipos de prácticas como estas en mis demás libros de autoayuda. Ciertamente, construir confianza y autoestima sería útil, como también el entrenamiento en la firmeza y en ocuparse de la culpa. Si anuncias la lista de temas que se tratarán en la sesión de ejercicios, no tendrás problema alguno para atraer a las personas.

3. **Acabar con una sesión en la que se establezcan objetivos.** Esto ayudará realmente a que las personas avancen de forma positiva y evitará que el grupo se vea abrumado por compartir demasiadas historias deprimentes.

● ● ●

- Busca asesoramiento en la Internet. Al hacerlo, recuerda que la mayoría de los problemas de los cuidadores son muy similares (p. ej., cómo presentar un buen argumento para una subvención; cómo hacerte valer ante las figuras de autoridad; cómo decir «No»; dónde encontrar un servicio de respiro; cuestiones familiares, etc.).

> **La persona que cuida de otra representa el mayor valor de la vida.**
>
> JIM ROHN, EMPRENDEDOR Y ESCRITOR MOTIVACIONAL ESTADOUNIDENSE

La culpa religiosa

Tal vez la religión no sea la solución de la culpa, después de todo, si la verdad se conociera descubriríamos que la religión y la culpa son como novios. Al fin y al cabo, cuando encuentras a la una, la otra suele estar zumbando cerca como una mosca gorda y molesta.

J. MICHAEL FEAZELL, REVISTA *CHRISTIAN ODYSSEY,* 2006

Cuando estaba realizando la investigación para este libro descubrí que la inmensa mayoría de los libros sobre la culpa estaban escritos por autores que tenían una perspectiva religiosa sobre el tema. Por tanto, para este tipo de culpa ya existe abundante ayuda. Pero entonces también me tropecé con la cita siguiente, de modo que sigue habiendo alguna manera de entrar en este campo.

Ciertamente, desde mi propia experiencia clínica parece ser un problema contemporáneo. Y, sin duda, está perturbando a muchas personas, en particular en las ciudades multiculturales. Los casos con los que me encontré se centran principalmente en torno a problemas familiares, con el ocasional dilema laboral que también supone un reto. Estos pocos consejos reflejan mi experiencia limitada.

> **Tristemente, realizamos un mejor trabajo consiguiendo que las personas se sientan culpables que liberándolas de la culpa que les creamos. Es necesario confesar esto y cambiar nuestro proceder.**
>
> TONY CAMPOLO, CLÉRIGO ESTADOUNIDENSE

Aclara tus propios valores personales

Algunos de estos pueden muy bien estar en línea con tus valores religiosos, pero otros pueden chocar contigo y provocarte un dilema. Ver la sección sobre la inteligencia moral en el capítulo 4.

Formula preguntas tipo «¿Y si...?»

Puedes hacer esto de forma bastante casual en las interacciones de todos los días con amigos, formulando preguntas que estimulen el debate en torno a tus dilemas. Por ejemplo:

- Y si tu hija quisiera casarse con alguien de una fe distinta e insistiera para que tus nietos fueran criados en esa fe, ¿cómo te sentirías?
- Y si te ofrecieran un gran empleo cobrando el doble de tu sueldo, pero no te permitieran tomarte un tiempo para hacer tus oraciones, ¿aceptarías?
- ¿Y si te enamoraras de alguien que tuviera puntos de vista religiosos diferentes de los tuyos?
- ¿Y si tu hijo adolescente se niega sencillamente a adorar u orar con el resto de la familia?

- Y si un importante colega te invitara a cenar y olvidaras decirles que no comes ciertos alimentos y resulta que son exactamente los que se han cocinado, ¿qué harías?

Mantén tu autoestima alta

Esto te ayudará a respaldar aquello que tu conciencia te señala como lo que es correcto hacer.

Aprende la habilidad de decir «No» con firmeza y sensibilidad

Ver capítulo 4. Esto te ayudará a evitar la culpa religiosa y te hará menos vulnerable a ser «seducido» por las tentaciones y las personas prepotentes.

Aumenta tu empatía

Vuelve a leer mi explicación en el capítulo 3 sobre esta cualidad personal e intenta algunos de mis consejos para fortalecerla. La empatía te ayudará a entender, con mayor precisión, a personas con otro punto de vista religioso. Esto no significa que tengas que cambiar tus propias creencias y tus prácticas religiosas, pero tal vez tengas que encontrar una forma de colaborar o tan solo vivir con una nueva realidad multicultural.

Todas las religiones son iguales: la religión es básicamente culpa, con distintas festividades.

CATHY LADMAN, COMEDIANTE ESTADOUNIDENSE

CAPÍTULO 8

Cómo ayudar a otros con su culpa

Admitir la culpa nunca es fácil para nadie, ¡a menos que tú seas otro Gandhi! Para algunos, puede parecer prácticamente imposible incluso sabiendo lo mucho que los ayudará.

Espero que cuando hayas aprendido a gestionar tú mismo y mejor la culpa, te sentirás motivado a usar tu aprendizaje para ayudar a otros.

Algunos de ustedes podrían estar leyendo este libro, porque conocen a alguien o a algunas personas a las que quieran ayudar. Si es así, ya he proporcionado muchas ideas sobre cómo hacerlo. Aquí propongo otros consejos y recordatorios que espero también les resulten útiles.

> La confesión de los errores es como una escoba que barre la suciedad y deja la superficie más resplandeciente y limpia. Me siento más fuerte por la confesión.
>
> MOHANDAS GANDHI, LÍDER DEL MOVIMIENTO PARA LA INDEPENDENCIA INDIA

Sé un modelo inspirador para imitar

¡Sigue haciendo los ejercicios y practicando las técnicas de este libro y serás uno! Esta es ciertamente la mejor forma de influir en cualquiera.

Demuestra con franqueza cómo enfrentar bien la culpa propia

Habla de tus errores y ofensas. Obviamente, no estoy sugiriendo que publiques estas cosas en la prensa ni en los medios sociales, pero puedes hacerlo dentro de tu familia y entre tus amigos más cercanos, y hasta cierto límite también con los colegas. Aclara lo que estás haciendo cuando estás compensando.

Alienta a otros a ser francos respecto a su culpa

Primero, quizás necesites detectar las señales que podrían estar acechando dentro de alguien. Cuidado con las que enumero más abajo. Suelen verse cuando alguien intenta ocultar su culpa mientras cuentan una historia para encubrirla. Pero recuerda que una o dos de esas señales podrían no indicar nada en absoluto. Es necesario que percibas unas cuantas.

Posibles señales de que se está encubriendo la culpa interior

- Movimiento de la cabeza incluso antes de hablar.
- Cambios de respiración; puede acelerarse poco a poco y, a continuación, la persona puede respirar hondo para calmarse.
- Quedarse de pie, muy quieto y con la mirada fija.
- Juguetear con los dedos o arrastrar los pies.
- Repetir frases o palabras una y otra vez.
- Taparse la boca o la garganta.
- Proporcionar más información de la necesaria.
- Usar un tono impersonal.
- Usar un tono agresivo mientras persistes en hacer preguntas.

Cómo hablar con alguien que pueda querer confesar

Supongamos que hayas oído o visto algo que haya hecho que te preguntaras si una persona podría estar reteniendo alguna culpa. También has observado que él o ella parece haber cambiado de alguna manera o que no es feliz. Decides que no hay nada que perder cuando se intenta ayudar cuidadosamente.

- **Empieza con preguntas no amenazantes y francas** sobre un tema informal, p. ej.: *¿Cómo fue tu fin de semana?»*.
- **Ve haciendo poco a poco unas preguntas más específicas, pero no comprometedoras** y que alienten a abrirse un poco más, p. ej.: *¿Has disfrutado de algo especial hoy?...». «Oh, la clase de ciencia. Así que es tu favorita, ¿no?...». «¿Qué te gusta más, los experimentos o la teoría?».*

- **Formula una pregunta general sobre su bienestar,** p. ej.: «*¿Cómo estás en estos momentos? Pensé que estabas un poco deprimido el otro día*»./«*No pareces tú mismo estos días; ¿te sientes bien?*».
- **Da marcha atrás si te sientes bloqueado la primera vez.** En lugar de persistir, hazle un cumplido tranquilizador e invítale a conversar otra vez; p. ej.: «*Hemos sido amigos durante cinco años ya, y creo que eres un gran tipo, así que si te apetece hablar conmigo sobre cualquier cosa, te ruego que te sientas libre. De todos modos deberíamos tomar una cerveza alguna vez*». Captarán la insinuación de que has imaginado que puede haber algo escondido. Confía en que la culpa hará entonces su trabajo y los hará sentir incómodos. Cuanto más molestos, más probable es que se abran.
- **Apáñatelas para encontrarte o tropezarte con él en un lugar tranquilo.** Si esto te parece un poco manipulador, solo recuerda que tu brújula moral te está llevando en la dirección correcta. Aunque tengas que darte la vuelta, no deberías haberle perjudicado en nada. Mantén esta siguiente reunión en torno a temas seguros. Pero busca señales corporales, en especial las que puedan estarte indicando que él o ella están empezando a sentirse más a gusto contigo (como dejar de cruzar sus brazos o piernas, echarse hacia atrás en el asiento, músculos faciales relajados, etc.). En ese momento puedes avanzar un poco más la próxima vez que se vean.
- **Sacar a relucir el asunto en torno a la culpa sospechada de forma general,** una queja o dos por tu parte podría valer; p. ej.: «*La vida familiar puede llegar a ser dura a veces, ¿no crees?*»./«*Roger* (el jefe de ambos) *es un hueso duro de roer, ¿verdad? Espera la perfección, como si fuera posible para alguien en este trabajo. Pero su jefe tampoco es mejor. Es la cultura de la compañía; dicen que su puerta está siempre abierta, pero no pasan del dicho al hecho*».
- **Cuando empiecen a contar su historia de culpa, y si lo hacen, asegúrate de mantenerte callado.** Rellena suavemente las frases con palabras como «*hmm*», «*no pasa nada*», «*y vaya...*», si necesitan algún aliento.
- **Permanece sentado en silencio durante las pausas** o, si están completamente atascados, con un tono amable de tentativa di algo

como: «*Me da la sensación de que quieres decir más o que hay cosas de las que te resulta difícil hablar; conozco ese sentimiento*».

- **Comparte algo sobre ti** sin hacer preguntas; p. ej.: «*Hace unos diez años me encontraba en un bache y me metí en un lío. Sencillamente no pude hablar sobre ello durante largo tiempo y el resultado fue que me estresé más y más. Cuando por fin lo solté, ¡fue tal alivio!*».

- **No juegues a los detectives.** Me encanta ver dramas televisivos y me fascinan las técnicas que usan en las entrevistas (aparte de las que son violentas, por supuesto). Resiste la tentación de intentar ponerles la zancadilla para que confiesen. No eres un interrogador de criminales. Tu papel es tan solo el de un amigo paciente que muestra preocupación y compasión. Si te ciñes a ese cometido, es mucho más probable que aprovechen para confesar. Si no lo hacen ahora, es posible que lo hagan más adelante. Es un patrón muy común.

- **Si no se abren, mantente en tu zona de confort;** no te distraigas intentando resolver su «gran» problema en torno a su ofensa. Sigue con el tema de la culpa. Comparte lo que te resultó útil cuando solucionaste los tuyos. ¡Esto puede incluir, o no, hablarles sobre este brillante libro que estás leyendo sobre la culpa!

Cómo ayudar a los niños con su culpa

- **Empieza pronto, pero no demasiado.** Es difícil ser específico sobre la edad a la que se debería hacer, pero como indiqué en el capítulo 1 no es probable que sea antes de los tres años. La mejor guía es esperar cuando hayan empezado a empatizar y mostrar compasión.

- **Pon especial cuidado y no añadas vergüenza a su culpa.** Es tan fácil hacerlo, aun sabiendo que está mal. Sigue siendo muy común actuar así y podría estar integrado en tu cerebro si los adultos te lo hicieron a ti cuando tú eras pequeño. (Vuelve a leer la sección sobre la culpa vergonzosa del capítulo 2. Puedes adaptar con facilidad la mayoría de los consejos para que encajen en la edad de tu hijo).

Ocúpate de la mala conducta en dos fases

Obviamente, la edad de tu hijo determinará cómo pongas estas dos etapas en práctica. No intentes incluir las tareas del paso 2 inmediatamente después de la ofensa. Los niños no estarán emocionalmente preparados para escuchar.

Paso 1: Respuesta inmediata

1. Detén	– la conducta de inmediato.
2. Etiqueta	– es decir, si heriste a alguien, usaste algo sin preguntar, robaste algo, etc.
3. Juzga	– di que esa conducta está mal.
4. Disculpa	– insiste en que presenten una ahora, aunque sea a regañadientes.
5. Empatía	– pídele que imaginen cómo se sentirían si fueran ellos la víctima.

Paso 2: Explicación posterior

1. Explica	– más tarde, cuando ambos estén más calmados. Escoge un lugar tranquilo.
2. Disculpa	– si no manejaste la situación a la perfección antes (¡todos cometemos errores en el fragor del momento!).
3. Culpa	– usa un lenguaje adecuado a su edad para ayudarles a reconocer sus sentimientos y explicarles cómo pueden ocuparse de ello.
4. Distinguir	– su conducta de su carácter.
5. Tranquiliza	– di algo positivo sobre su personalidad, su conducta habitualmente buena y amable.
6. Consecuencias	– ayúdales a ver las consecuencias negativas potenciales de repetir ese mismo tipo de conducta.
7. Compensaciones	– proporciónales ideas, p. ej., dibuja una tarjeta, deja que la persona a la que han perjudicado juegue con su mejor juguete, que tomen algo prestado, dale chocolates, etc.

8. Autoestima   – dales un abrazo, expresa confianza y diles que sabes que han aprendido de la experiencia.

Trata el tema del acoso con mayor seriedad aún

Distínguelo de una conducta menos dañina retirando un preciado privilegio durante un periodo de tiempo. Explica por qué. Al parecer, el acoso cibernético va en aumento. Con frecuencia los niños no son conscientes de las consecuencias de juntarse con otros que lo perpetran. Asegúrate de que entienden lo que es el acoso.

El acoso es una conducta:

• Repetitiva y persistente • Intencionalmente dañina • Implica un desequilibrio de poder • Causa sentimientos de aflicción, temor, soledad o falta de confianza.

Incluye:

• Insultar y tomar el pelo • Burla • Mofa • Comentarios ofensivos verbales, por mensaje de texto, por correo electrónico o por las páginas de las redes sociales • Chismorreos maliciosos • Robo • Violencia física • Amenazas · Coacciones • Aislamiento de los grupos de actividades.

Busca ayuda si el acoso continúa. La mayoría de las organizaciones de padres proporcionan ayuda.

Evítales el recuerdo de cualquier dolor que tú o tu cónyuge experimentaron durante su nacimiento

Este es un consejo que leí hace mucho tiempo, pero no consigo recordar dónde. De inmediato volvió a encender en mí la culpa. Yo sabía que le había hablado a mi hija mayor sobre el doloroso parto de cuarenta y ocho horas que tuve con ella. También lo había comparado con el de mi segunda hija el cual, por el contrario, fue una experiencia fácil y hermosa. Pero este pinchazo de culpa había resultado útil para mi trabajo. Desde que esto sucedió, he observado a numerosos clientes que han compartido sus sentimientos respecto a la dificultad del momento de su nacimiento. No estoy segura de cuánto daño psicológico puede causar, en realidad, este tipo de intercambio, a menos que la intención del progenitor fuera la de herir. No es probable que haya una investigación definitiva sobre el tema. ¿Por qué no actuar por si acaso? Esto evitaría al menos la culpa que experimenté al haber desencadenado este sentimiento en mi hija mayor.

No comentes que tu infancia fue mucho más dura que la de ellos

Cuando sean lo suficientemente mayores para entender y debatir esto, pueden cuestionarte. Cuéntaselo entonces, si lo quieren oír.

En lugar de protegerlos de las dificultades monetarias para evitar que se sientan culpables, déjales ayudar

Pídeles que realicen voluntariamente trabajos por los que, de otro modo, habrías tenido que pagar, como lavar el auto, cortar el césped o cuidar de los hermanos más pequeños. Sé agradecido. Vincula las peticiones de apagar las luces a la ayuda con las finanzas, y dales las gracias. Convierte el encontrar marcas más baratas en el supermercado en un juego útil. Diles, o deja que ellos mismos calculen, cuánto dinero han ahorrado.

Expresa y trata la culpa de tu divorcio cuando ellos no puedan oírte

Ya tienen bastante con sus propios sentimientos de culpa como para cargar además con la tuya.

Absuélvelos con cariño de cualquier culpa que no merezcan

Los niños son egocéntricos y, cuando son pequeños, creen tener el poder de hacerte sentir enfermo, triste, pobre o pelear con tu pareja, etc. Por mi trabajo profesional sé que la culpa que sienten puede perturbarlos hasta bien entrados en su adultez (incluso cuando saben que ese sentimiento es irracional).

Deja que escuchen a escondidas que hablas de ellos positivamente

Esto es especialmente útil si son tímidos o si no les ha ido tan bien como se esperaba en algo concreto. También es bueno si existe una gran diferencia entre ellos y sus hermanos, sus amigos o incluso tú, en los logros conseguidos.

Siéntete libre de usar el temor de la culpa para disuadir y motivar

Pero no lo hagas hasta que ellos puedan entender. Úsalo, por supuesto, junto con otros métodos.

Las intenciones de mis padres son realmente buenas, y creo que su forma de tratar las cosas es por medio de la negación y la culpa. Nadie quería hablar sobre ello. Pero lo único que yo hice fue culparme.

TERI HATCHER, ACTRIZ Y PRESENTADORA ESTADOUNIDENSE

CAPÍTULO 9

La culpa en objetivos

A estas alturas quizás te estarás sintiendo un poco abrumado por toda la información que has recibido en este libro. Por tanto, ahora necesitas centrarte en cómo puedes poner parte de este aprendizaje en práctica. Es evidente que no puedes, o tal vez no necesites, hacer todo lo que se ha sugerido en este libro. Pero si vas a cambiar tu forma de gestionar la culpa en el futuro, tienes que empezar por dar algunos pequeños pasos alcanzables.

Más abajo encontrarás el bosquejo de dos plantillas para planes de acción. El primero es más general y está designado para ayudarte a poner el aprendizaje de este libro directamente en acción. Te ayudará a escoger algunas metas específicas en las que centrarte a lo largo del próximo mes. Puedes usar otra copia de la plantilla para otro mes o dos más si quieres aprender más de este libro.

El segundo plan de acción es para enfrentar las reacciones específicas de la culpa que te perturban en tu vida cotidiana futura. Es de esperar que tengas que hacer una fotocopia o que guardes un archivo en tu computadora para tenerlo siempre a mano y poder usarlo cuando lo necesites.

Con el fin de hacer que tu tarea sea más viable, he estrechado las opciones de tu enfoque. Si pones ante ti demasiadas metas, es menos probable que puedas lograrlas y te desmotivarás.

Te he pedido también que le muestres tu plan de acción a alguien que vaya comprobando tu progreso y que, espero, te apoye. Actuando así aumentarán tus posibilidades de éxito y harás que la tarea sea más agradable. Pero si esto no es posible, no te preocupes. Hazlo lo mejor posible; ya sabes que en el trabajo de desarrollo personal siempre es suficiente.

Observa que también te he pedido que asignes una recompensa adecuada por lograr tu meta o por esforzarte en conseguirla. No te saltes esta gratificación; es muy importante que refuerces de manera positiva todos tus buenos nuevos hábitos.

Plan de acción 1

Aplicar lo aprendido en *Libérate de la trampa de la culpabilidad* durante el próximo mes

1. ¿En qué dos o tres de estos diez tipos de culpa pensaré y cuáles observaré en mí mismo y en otros a lo largo del próximo mes? Si se trata de otra clase que no se haya enumerado, ponle nombre y marca la casilla «Otra». (ver cap. 2).

☐ Culpa positiva
☐ Culpa reprimida
☐ Culpa encubierta
☐ Culpa de la infancia
☐ Culpa vergonzosa
☐ Culpa parental
☐ Culpa del superviviente
☐ Culpa de la riqueza
☐ Culpa del cuidador
☐ Culpa religiosa
☐ Otra

2. ¿Cuáles dos de las cuatro cualidades personales clave escogeré mejorar con el fin de que me ayuden con mi culpa? (ver cap. 3).

☐ Autoestima
☐ Humildad
☐ Confianza
☐ Empatía

¿Cómo voy a hacer eso?
Cualidad 1: ....
....
Cualidad 2: ....
....
....

3. ¿Cuáles dos de las cinco aptitudes clave necesito mejorar?

(ver cap. 4).

☐ Inteligencia moral
☐ Pensamiento racional
☐ Comunicación confiada
☐ Gestión emocional
☐ Amistad

¿Cómo lo lograré?
Aptitud 1: ....
....
....
....
Aptitud 2: ....
....
....
....

4. ¿En cuáles dos de mis propias situaciones de culpa decido usar el Kit de reparación DGECG? (ver cap. 5).
1. ....
2. ....

5. ¿Cuáles tres acciones acometeré para asegurarme de reducir el número de veces que otros me hacen sentir culpable? (ver cap. 6).
1. ....
....
2. ....
....
3. ....
....

6. ¿Cuáles tres acciones realizaré para mejorar mi capacidad de ayudar a otros con su culpa? (ver cap. 8).

1. ....

....

2. ....

....

3. ....

....

7. ¿Cuáles tres acciones emprenderé para asegurarme de ser menos propenso a sentir culpa? (ver cap. 10).

1. ....

....

2. ....

....

3. ....

....

8. Mi recompensa por lograr esta meta o por esforzarme en lograrla será:

....

....

....

....

Muéstrale este plan de acción escrito a un amigo cercano y pídele que señale una fecha en su diario para contactarte y comprobar si has logrado tus objetivos. Pon esa fecha en tu diario y también aquí:

....

Firmado: ....

Fecha de hoy: ....

Plan de acción 2

Objetivos para mi culpa

1. Describe la situación que desencadenó la difícil reacción culpable.

....

....

....

....

2. ¿Qué tipo de culpa es? (N. B.: Podría ser una mezcla de diferentes tipos de culpa.) Señala los tipos de culpa que correspondan a este sentimiento. Si es otro tipo que no esté enumerado, ponle nombre y marca la casilla «Otra». (ver cap. 2).

☐ Culpa positiva
☐ Culpa reprimida
☐ Culpa encubierta
☐ Culpa de la infancia
☐ Culpa vergonzosa
☐ Culpa parental
☐ Culpa del superviviente
☐ Culpa de la riqueza
☐ Culpa del cuidador
☐ Culpa religiosa
☐ Otra

3. ¿Cuál es mi meta a largo plazo? (N. B.: ciertas reacciones de culpa no pueden eliminarse por completo, p. ej., las que están profundamente arraigadas en nuestro cerebro desde nuestra infancia o las que se desencadenan constantemente por las presiones de los medios de comunicación o culturales, que no pueden cambiarse. Para estas, la meta a largo plazo consistiría en hacer que dejen de afectar nuestra conducta actual).

....
....
....
....

¿En qué fecha <u>realista</u> puedo esperar alcanzar este objetivo?

....

4. ¿Cuál es mi meta para la próxima semana?

....
....
....
....

¿Qué haré para alcanzar este objetivo (p. ej., usar una estrategia/desarrollar una cualidad/mejorar una aptitud u otra cosa)?

....
....
....
....

5. ¿Cuál es mi meta para el mes que viene?

....
....
....
....

¿Qué haré para alcanzar este objetivo?

....

....

....

....

6. Mi recompensa por lograr esta meta o por haberme esforzado para lograrla será:

....

....

....

....

Muéstrale este plan de acción completado a un amigo cercano y pídele que señale una fecha en su diario para contactarte y comprobar si has logrado tus objetivos. Pon esa fecha en tu diario y también aquí:

....

Firmado: ....

Fecha de hoy: ....

CAPÍTULO 10

Cómo mantenerte libre de las trampas de la culpabilidad

Una vez que has limpiado gran parte de tu penosa culpabilidad, el siguiente paso lógico es que intentes dejar de caer en alguna otra trampa de culpa. Por tanto, he escrito algunas ideas más adelante sobre cómo hacer esto para que lo consideres para el futuro. Pero léelas ahora, ya que es bueno tenerlas siempre en mente. La lista es de fácil lectura, y los títulos llevan una casilla de control para que puedas utilizarlas como forma rápida de recordarte lo que has aprendido en este libro. Es obvio que cuanta más culpa puedas evitar, mejor será. Como sabes, esto consume nuestra confianza y pone un estrés añadido tanto en nuestro cuerpo como en nuestra mente.

□ Mantén tu brújula moral

Asegúrate de tenerla siempre marcando una dirección actualizada. Debería ser la dirección en la que tú quieres ser moralmente dirigido <u>ahora</u>, y no hacia donde te dirigías hace diez años. Usa los ejercicios del capítulo 4 para poner al día tus valores y las normas de tu vida personal que encajen en tu vida y tus metas actuales. Haz esto al menos una vez al año (añádelo, quizás, a tus resoluciones de Año Nuevo) y tras cualquier transición importante de la vida, como empezar en una nueva carrera, casarte, tener hijos, afrontar el nido vacío, enfrentar una enfermedad importante, el duelo y, por supuesto, la jubilación.

□ Potencia la fe en ti

Mantén alta tu autoestima, pero asegúrate de que tu humildad esté en bastante buena forma para impedirte caer en la zona de la arrogancia (ver páginas 66 y 70). Cuidado también con las autoconversaciones negativas y con echarte la culpa por todas las fechorías que se te ocurran.

□ Mantén tus aptitudes en forma

Practica en particular el uso de las estrategias de este libro. Úsalas en los problemas pequeños y cotidianos que puedan relacionarse con la culpa, o no. A continuación, cuando las necesites para la culpa, estarán afiladas como cuchillas. Por ejemplo, la estrategia del Disco rayado (página 132) y la del guion (página 104) son muy útiles cuando necesitas formular una queja. La estrategia GEE (página 94) y la del replanteo (página 118) se ocuparán de cualquier protesta tuya o de otros. La estrategia del «no te calientes demasiado» (página 118) te ayudará a mantenerte sereno frente a cualquier frustración menor como trenes con retraso, amigos y colegas.

□ Frena las críticas no deseadas

Usa la lógica de las estrategias tres C y GEE para vencerlas. Aprende las aptitudes de firmeza para frenarlas en seco. (Para más detalles echa un vistazo a mi libro *Assert Yourself*).

□ Sustituye la lamentación por la reflexión escrita

Escribir involucra las zonas cognitivas del cerebro y puede ayudar a contener los sentimientos de culpa. Cuando los pensamientos culpables giren y giren en tu mente, escríbelos en un cuaderno o en una hoja de papel. A continuación, anota debajo: *Tomaré acción...* y añade una fecha y una hora, y no olvides apuntar eso mismo en tu diario.

Te sugeriría que en esta «sesión» posterior contigo mismo realices un rápido análisis DGECG. Esto se ocupará de la mayoría de estos pensamientos obsesivos (ver páginas 177-178). Si no es así, cuando tengas tiempo realiza un análisis completo seguido por un plan de acción.

Si vuelve a suceder, escribe el pensamiento culpable y una frase que resuma cuál es tu plan de acción. Por ejemplo: *Tengo un plan para enfrentar esta culpa, e incluye hacer compensaciones por mi parte y dar los pasos que aseguren que otros también asuman sus responsabilidades./No tengo que sentirme culpable. Me estoy esforzando mucho para ser un/a padre/madre bastante bueno/a. No sería adecuado para mis hijos que yo fuera un/a padre/madre perfecto/a.*

☐ Haz lo que puedas para eliminar la culpa

Hacer lo posible significa que no te conviertes en santo, pero estarás en compañía de muchas estrellas. Aquí tienes unas cuantas para alentarte.

Quieres hacer todo lo posible dentro de tu poder para esforzarte al máximo. Y, en mi caso, sé que me embarga una culpa tremenda si llego a casa al final del día y no siento que he hecho todo lo que podía. Si sé que podría haber hecho algo mejor, tengo este molesto sentimiento.

ANDY RODDICK, TENISTA ESTADOUNIDENSE

Solo puedes esforzarte al máximo. Es lo único que está en tus manos. Y si no resulta suficiente, no resulta suficiente.

IMELDA STAUNTON, ACTRIZ BRITÁNICA

Las películas son difíciles de hacer y tú tienes que trabajar en pos de una ética común y esforzarte al máximo.

ROBERT DE NIRO, ACTOR ESTADOUNIDENSE

Haz todo lo posible hasta saber hacerlo mejor. Y cuando sepas hacerlo mejor, hazlo mejor.

MAYA ANGELOU, ESCRITORA ESTADOUNIDENSE

☐ Confiesa cuidadosamente

Escoge un amigo (ver cap. 4) que pueda escuchar con empatía. Si esa persona puede pensar de un modo analítico, también podría ayudarte a realizar un análisis DGECG y un plan de acción. Pero recuerda, a veces necesitamos la ayuda de dos amigos diferentes para estas dos tareas. Los buenos oyentes no siempre son buenos analistas, y viceversa.

☐ Ponte a escribir para mantener las palabras duras dentro de ti

Suavizo mi conciencia ahora con el pensamiento de que es mejor que las palabras duras queden en el papel en vez de que mamá tenga que llevarlas en su corazón.

ANA FRANK, ADOLESCENTE JUDÍA NACIDA EN ALEMANIA, QUE ESCRIBIÓ UN DIARIO MIENTRAS ESTABA ESCONDIDA DURANTE LA SEGUNDA GUERRA MUNDIAL

¡Siempre me asombró la sabiduría que salía de la mente de Ana Frank! ¿Cómo sabía, a tan joven edad y en sus difíciles circunstancias, que escribir lo que hay en tu cabeza puede también evitarte el sentimiento de remordimiento y culpa?

Jack Canfield nos recuerda que es especialmente importante recordar esto cuando estamos con niños:

Especialmente cuando se grita de enojo, las palabras pueden ser muy perjudiciales para la autoconfianza del niño. Este ya teme bastante, probablemente, solo con ver las consecuencias de su conducta. Nuestros hijos e hijas no merecen acumular más culpa ni desconfianza en sí mismos sobre sus ya maltrechos egos.

JACK CANFIELD, ENTRENADOR DE DESARROLLO PERSONAL Y ESCRITOR ESTADOUNIDENSE

Pero si nos equivocamos de manera ocasional, recuerda que una disculpa genuina y algunas palabras reparadoras desharán el daño.

☐ El agotamiento y los ataques de nervios engendran culpa

En mi profesión conozco a muchos que se han agotado y tienen crisis emocionales. Cuando alcanzan este estado, se lamentan constantemente sobre lo que no han podido hacer y lo que deberían estar haciendo. La culpa los acribilla. No se están sintiendo orgullosos de las personas a las que han ayudado, de las largas horas que han trabajado o de las dificultades que han vencido.

Por tanto, si eres un rescatador como yo, por naturaleza o por crianza, asegúrate de equilibrar el cuidado de los demás con el cuidado de ti mismo.

☐ Lleva las plantillas encima

Al menos durante los pocos meses siguientes haz copias de tu Kit de reparación DGECG y de tu plan de acción, y llévalas encima. Estos te ayudarán a centrarte de inmediato para hacer algo constructivo con tu culpa antes de que se arraigue negativamente en ti. No olvides que no es la culpa en sí la que es intrínsecamente mala, sino que son las costumbres que has estado utilizando para manejarla las que necesitan cambiar.

☐ Reúne a algunos colegas de culpa para vigilarse mutuamente

Weight Watchers no funciona tanto por sus consejos alimentarios, sino porque los miembros de su grupo se apoyan y se motivan entre sí. Es difícil quebrantar cualquier tipo de costumbre bien arraigada, pero es mucho más fácil cuando lo haces en compañía de un grupo. Al vivir vidas tan ajetreadas y geográficamente dispersadas en la actualidad, puede resultar más sencillo hacerlo por la Internet que cara a cara. Solo necesitas que unos cuantos amigos accedan a compartir con regularidad su progreso a lo largo de uno o dos meses.

☐ Vigila tu forma de andar

Aquellos para quienes la culpa ha sido un problema durante la mayor parte de su vida tienen la tendencia natural de acurrucarse y hacerse un ovillo. Por tanto, asegúrate de caminar con la cabeza bien alta, los hombros hacia atrás y la espalda recta. Los ejercicios de Pilates te capacitarán para que hagas esto con mayor facilidad. Adoptar este tipo de postura corporal también hará maravillas con tu autoconfianza.

☐ Di «lo siento» con sensatez y sensibilidad

Dilo solo una vez, pero no más de dos si te ves obligado a ello. Personaliza tu empatía cuando reconozcas que has herido los sentimientos de alguien. Por ejemplo: «*Sé que has debido de sentirte muy decepcionado ya que hace ocho años que somos amigos y siempre me has apoyado./Debes de haberte sentido muy asustado, porque soy mucho más corpulento que tú.*

Siento mucho haberte atemorizado»./«Lamento tanto no haberte facilitado los resultados antes. Sé que tienes las vacaciones reservadas y debes de haber estado particularmente angustiado».

☐ Aparca los mitos

Aquí tienes solo unos cuantos de los mitos más comunes e inútiles sobre la culpa. Estoy segura de que tienes al menos algunos de ellos zumbando alrededor de la cabeza. Y es posible que hasta tengas otros también.

- No puedes evitar tener sentimientos.
- La culpa siempre es mala para ti.
- Otras personas pueden hacerte sentir culpable.
- Lo único que necesitas cuando te sientes culpable es el perdón.
- No puedes cambiar tus pensamientos ni aun sabiendo que son irracionales.
- El castigo es la única forma de tratar con la culpa.
- Debes ser estúpido para sentirte culpable sabiendo que es algo irracional.
- Los que son culpables deberían avergonzarse de sí mismos.

Estoy sugiriendo que los «aparques», porque tal vez no estés preparado del todo para deshacerte de estos mitos para siempre. Es posible que primero necesites demostrarte a ti mismo que en realidad son mitos y no hechos.

Se me ha ocurrido esta metáfora del aparcamiento, porque he guardado recientemente montañas de ropa y he añadido bolas de naftalina a las bolsas. Todavía no estoy preparada para aceptar que esa ropa no volverá a quedarme bien. La parte racional de mí misma está segura de que acabaré llevándola a tiendas de caridad el año próximo por estas fechas. Sin embargo, ojos que no ven, corazón que no siente.

Por tanto, elaborar una lista de mitos sobre la culpa que dan vuelta en tu cabeza y archivarla podría serte de ayuda. Escoge aquellos en particular que han estado impidiendo que te ocuparas de este sentimiento como te hubiera gustado. Después de un año probando las ideas de este libro, podrías estar preparado para quemar la lista.

☐ Usa el arte para activar la culpa

Bajo ningún concepto le des tantas vueltas a tu ofensa. Revolcarse en la suciedad no es la mejor forma de limpiarse.

DE *BRAVE NEW WORLD* DEL ESCRITOR BRITÁNICO ALDOUS HUXLEY

Las personas creativas, de todo tipo, suelen usar el arte para espolear la conciencia colectiva de sus comunidades. Resulta difícil determinar el éxito que alcanzan al actuar así, pero estoy casi segura de que habrán ayudado a calmar sus propios sentimientos de culpa y, al menos, hacer que algunos sean más conscientes de los dilemas éticos y de las hipocresías.

Hace poco oí una entrevista a Michael Nyquist, estrella del gran éxito de taquilla *Los hombres que no amaban a las mujeres*, en la que decía:

Lo que Stieg Larsson [autor del libro *Los hombres que no amaban a las mujeres*] quería mostrar era la culpa de los suecos en la Segunda Guerra Mundial. Nuestros cuatro vecinos tuvieron las experiencias más terribles con las fuerzas enemigas, pero Suecia no.

MICHAEL NYQUIST, ACTOR SUECO

Esto me hace pensar en otros artistas que han usado su arte del mismo modo. Estoy segura de poder llenar un libro con ellos, pero estos son solo unos cuantos de los que me vienen a la mente:

- El cuadro de Picasso que representa la masacre de personas y animales en Guernica, un pequeño pueblo rural en el norte de España. El suceso tuvo lugar durante la guerra civil, pero la pintura se ha convertido en un ícono antiguerra.
- Ai Weiwei, el artista chino contemporáneo que fue encarcelado en 2011 por su gobierno por sus actividades disidentes, y que ahora exhibe un arte que provoca la conciencia por todo el mundo.
- La Séptima Sinfonía de Shostakovich, que se escribió como representación musical de los horrores del sitio de Leningrado durante la Segunda Guerra Mundial.
- *Imagine*, la canción de John Lennon, es un ejemplo del mundo de la cultura popular que se ha vuelto a interpretar internacionalmente.

- Las novelas de Tolstoy, *Guerra y Paz* y *Anna Karenina*, que resaltaron las injusticias de las profundas divisiones sociales en la Rusia de su época, justo antes de la revolución.
- La réplica gigante de la escultura de Marc Quinn, de una mujer encinta sin brazos y con las piernas truncadas que se usó para la apertura de los Juegos Paralímpicos de Londres 2012.

Si no eres un artista creativo, al menos puedes apoyar los esfuerzos artísticos hablando de ellos, y atrayendo más la atención de las personas a ellos y a sus mensajes.

☐ Cuida de tu comunidad

A menor escala, tal vez no seas capaz de resolver problemas globales, pero podrías hacer algo para contribuir notablemente en tu comunidad local. Esto podría alinearse con tus talentos especiales o con hacer un trabajo aburrido como entregar octavillas para un tema importante. Acabo de recibir un correo electrónico de un vecino sobre un atraco callejero y agradezco el aviso.

☐ La culpa en objetivos

Este podría ser un lema para ti, así como tu guía de planificación de la acción.

Finalmente, espero que este libro te haya inspirado para que te ayudes con tus propios hábitos de culpa. También espero que te resulte útil cuando intentes ayudar a otros con los suyos. Te deseo muchísima suerte con este desafío, y confío en que impactará tu vida trayéndote mayor tranquilidad de espíritu.

Intenta usar mi variación de la Oración de la Serenidad, más abajo, para mantenerte motivado.

• • •

**Acepta con serenidad la culpa que no puedes cambiar.
Cambia con valor aquello que puedas.
Celebra tus éxitos.**

Notas

1. K. W. Fischer, P.R. Shaver & P. Carnochan, «How emotions develop and how they organize development», *Cognition and Emotion*, 4 (2), (1990): pp. 81-127.

2. Michael Lewis, PhD, «The Self Conscious Emotions», *Encyclopedia of Early Childhood Development*, Institute for the Study of Child Development, UMDNJ-Robert Wood Johnson Medical School, Child Health Institute, USA (septiembre 2011): *http://www.child-encyclopedia.com/emotions/according-experts/self-conscious-emotions*.

3. Christian Miller, *International Journal of Ethics* 6:2/3 (2010): pp. 231-52.

4. Rebecca L. Schaumberg & Francis J. Flynn, «Uneasy lies the head that wears the crown: The link between guilt-proneness and leadership», *Journal of Personality and Social Psychology*, 103(2) (agosto 2012): pp. 327-42. https://www.gsb.stanford.edu/insights/why-feelings-guilt-may-signal-leadership-potential.

Agradecimientos

Mi mayor agradecimiento es para Jane Graham-Maw, mi maravillosa agente. Logró lo que yo pensé que sería una tarea imposible: volver a tentarme para escribir otro libro. ¡Yo estaba tan segura de haber dejado la escritura para siempre! Desde que firmé el contrato para este libro, he tenido numerosos reveses de los que ocuparme. Y Jane ha sido la representante que me ha dado un apoyo como nunca podría haber tenido en esas circunstancias.

Mi segundo agradecimiento importante va, como siempre, a mi paciente esposo, Stuart. No solo ha aceptado de buen grado su habitual papel de corrector de la mayoría de mis errores disléxicos, sino que también ha producido más de su parte justa de comidas durante un periodo en el que él también estaba bajo una inmensa presión.

Un tercer agradecimiento importante va dirigido a todas las personas que han compartido conmigo sus dificultades con la culpa. Su contribución aparece en algún lugar del libro, aunque haya sido muy disfrazada, o sus experiencias me han ayudado a desarrollar mis ideas y mis estrategias. No podría haber escrito jamás este libro sin su ayuda.

También me gustaría mencionar a todas las personas citadas en el libro. La mayoría de sus palabras brillantes son del dominio público en páginas web como Brainy Quotes y Good Reads. Estas citas han añadido un conocimiento profundo muy valioso e inspiración al libro.

Muchas gracias, también, a mi editor de adquisiciones en Harper-Collins, Carolyn Thorne, y sus colegas. Han sido ustedes un extraordinario equipo de trabajo y muy comprensivos cuando tuve que retrasar la entrega del manuscrito.

Acerca de la autora

GAEL LINDENFIELD es autora *best seller* internacional de ocho libros y ha sido reconocida por sus técnicas de autoayuda prácticas e innovadoras, y sus obras han sido traducidas a dieciséis idiomas. Sus libros incluyen *Autoestima* y *La seguridad emocional*.

Dirige su propia consultoría de desarrollo de personal en el Reino Unido y España, y trabaja con una ámplia gama de organizaciones, desde grupos no lucrativos hasta empresas multinacionales. Pasa su tiempo libre con su familia en Southsea o en su casa en España.